»Mit Lust und Chuzpe«

MANIA FEILCKE

»MIT LUST UND CHUZPE«
Ein Portrait im Spiegel der Zeit

Aufgeschrieben von Steffen Damm
Mit einem Vorwort des israelischen Botschafters a. D.,
Avi Primor

B&S

BOSTELMANN & SIEBENHAAR VERLAG

In Liebe und Respekt gewidmet meinen Eltern Lotka und Leon Keller und meinen in Auschwitz ermordeten Schwestern Miriam und Rahel.

Das Buch wurde gedruckt mit Unterstützung der
BHF-BANK Aktiengesellschaft, Hauptniederlassung Berlin,
Gries & Heissel Bankiers, Berlin, und weiteren Förderern.
Ihnen allen danken wir sehr.

Umschlaggestaltung: nawim96
Umschlagfotos: Günter Kambach (vorne), Archiv Mania Feilcke (hinten)
Satz: Bostelmann & Siebenhaar Verlag, Berlin
Druck und Bindung: Druckhaus Köthen
Lithographie: LVD GmbH, Berlin

ISBN 3-934189-68-7
Printed in Germany

INHALT

Avi Primor
Vorwort

Bei den Franzosen gibt es einen Unterschied zwischen der ›großen Geschichte‹ und der ›kleinen Geschichte‹. Die ›große Historie‹ ist die der Regierung, der Schlachtfelder und der berühmten Persönlichkeiten. Die ›kleine‹ ist die des Menschen, der die Konsequenzen der Taten der ›großen‹ durchleben muß. Eines der bemerkenswertesten Bücher der ›kleinen‹ Geschichte der zweiten Hälfte des 20. Jahrhunderts ist das Buch von Mania Feilcke.

Kein Jahrhundert hat so viele Revolutionen erlebt wie das zurückliegende. In kaum einem Jahrhundert wurden die Menschen so gerüttet wie im letzten. Viele sind im Wirrsal der Umstände untergegangen, viele konnten sich nur mühsam am Rande halten. Die Umwälzungen des 20. Jahrhunderts, die viele Millionen Menschen und vor allem Juden in Europa durchleben mußten, haben viele zu Passivität und Gleichgültigkeit geführt. Die wenigen, die die vielen Umbrüche des Lebens in kreative Vielfältigkeit und Nützlichkeit umgesetzt haben, sind für uns Vorbilder geworden. Eine solche Person ist Mania Feilcke. Die Frau, deren Leben dieses Buch erzählt, hätte durch die vielen erzwungenen Wechselfälle ihres Lebens längst den Mut verlieren können. Statt dessen hat sie versucht, aus allen Turbulenzen das Beste zu gewinnen und sich vor allem bemüht, ihre Erfahrungen für die Mitmenschen nutzbar zu machen.

Nach dem Verlust der polnischen Heimat hat sie in Israel selbstverständlich in einem Kibbuz leben wollen, wo sie alles, was sie hatte und wußte, mit den anderen teilte. In Lateinamerika hat sie ein Kind adoptiert, und in Afrika versuchte sie, die leidenden Menschen der Dritten Welt zu verstehen und ihnen zu helfen. Aber vor allem in Deutschland, wo sie seit zwölf Jahren lebt und mit einem deutschen Politiker verheiratet ist, widmet sie ihr Leben der Pflege zwischenmenschlicher Beziehungen. Die Frau, die ohne Mühe die verschiedensten Länder, Kulturen, Sprachen und Völker glaubwürdig vertreten kann, widmet ihre Zeit und vor allem ihren unwiderstehlichen Charme der Verständigung zwischen Deutschen und Ausländern jeder Herkunft. Auch meine Familie und ich, die wir als Diplomaten privilegierte Ausländer in Berlin waren, durften von Mania Feilckes Tätigkeit profitieren. Schon als wir zum ersten Mal in der Bundeshauptstadt ankamen, fand sie für unser damals vierjähriges Kind sofort eine wundervolle Betreuerin. So ermöglichte sie uns die freie Bewegung in Berlin, wo sie uns ohne Umschweife mit allen möglichen Kreisen der vielfältigen Großstadt bekannt machte.

Dieses Buch ist eine Geschichte des Optimismus und der Hoffnung. Es liest sich in einem Atemzug – mit Spannung, aber besonders mit einem vergnügten Lächeln.

Mania Feilcke
»Ein Bild ohne Rahmen«: Über dieses Buch

Wer komplexe Fragen stellt, erhält selten einfache Antworten. Das ist im Leben wie in Büchern so. Deshalb bevorzuge ich den umgekehrten Weg. Ich beginne ganz einfach und vermag anschließend nicht zu verhindern, daß die Dinge zusehends komplexer werden. Ich will es auch gar nicht verhindern. Je länger ein Leben andauert, desto vielfältiger die Verstrickungen und Bezüge – zu Orten, zu Menschen, zu eigenen und fremden Gefühlen. Die schlichte und einfache Frage, die am Anfang dieses Buches stehen soll, lautet: Was hat mich dazu bewogen, meine Biographie vorzulegen? Die Antwort fällt ebenso einfach aus: Ich hatte – und habe – den Eindruck, daß die Erfahrungen, die ich im Laufe meines Lebens sammeln konnte und mußte, auch für andere von Interesse sein könnten. Das einzelne Leben, das persönliche Schicksal kann ein Geschichtsbuch im kleinen sein. Denn aus vielen Geschichten erwächst Geschichte. Was man erzählt, was man aufschreibt, geht nicht verloren, sondern wird nach seiner Veröffentlichung zum Bestandteil einer kollektiven Biographie, die der Erinnerung auf die Sprünge helfen und Gedächtnislücken schließen kann. Die Erzählung meines Lebens ist sprunghaft und muß unvollständig bleiben. So unvollständig, wie die Erinnerung eines Menschen eben ist. Manches steht mir vor Augen, als wäre es gestern gewesen, anderes ist bereits auf Nimmerwiedersehen ins Reich des Vergessens hinabgesunken. Ich hoffe, daß es nicht das Wichtigste gewesen ist.

Dieses Buch ist das Ergebnis langer Gespräche, in deren Verlauf wir tief in den Fundus meiner Erinnerungen hinabgestiegen sind. Ich habe mein Leben erzählt, weil das Mündliche die mir gemäßeste Form der Mitteilung ist. Steffen Damm hat meine Erzählungen aufgeschrieben, meinen oft überbordenden Redefluß in eine nachvollziehbare Abfolge gebracht, mein notorisches Pendeln zwischen zwei bis drei Sprachen – englisch, jiddisch, deutsch – in eine verständliche Diktion übersetzt und schließlich im Austausch mit mir den zeitgeschichtlichen Hintergrund ergänzt, der für ein umfassendes Verständnis meiner Biographie unverzichtbar ist. Wir wollten ein Buch machen, das sowohl die Stationen meines Lebens behandelt als auch etwas von den politischen und gesellschaftlichen Entwicklungen vermittelt, die in meine bisherige Lebenszeit fallen. Ich hatte das Privileg, mit vielen Zeitgenossen in persönlichen Kontakt zu kommen, die auf politischer, wirtschaftlicher oder kultureller Ebene ›etwas bewegt‹ und auf unterschiedliche Weise auch meine eigene Vita beeinflußt haben. Schon allein deshalb erschien es mir wichtig, den zeitgeschichtlichen Kontext mitzubedenken und an gegebener Stelle einfließen zu lassen.

Von Anfang an war ich der Meinung, daß der Titel des vorliegenden Buches nur »Mit Lust und Chuzpe« lauten dürfe. Handelt es sich doch um ein Begriffspaar, das getrost als mein persönliches Credo angesehen werden kann. Zumindest hat es mich an den verschiedenen Stationen meiner Biographie nie im Stich gelassen. Lustvoll-optimistisch und zugleich mit einer gewissen Kaltschnäuzigkeit zu Werke zu gehen – dieses Prinzip hat sich bei der Durchsetzung meiner Ziele wie auch im Umgang mit meinen Zeitgenossen stets als vorteilhaft erwiesen. Es ist eine Lebenseinstellung und zugleich ein Programm, das ich ohne weiteres zur Nachahmung empfehlen kann, auch wenn es sich um ein persönliches Motto handelt. Der Titel ist mir gemäß, mein Privatbesitz ist er natürlich nicht.

Wer darauf hofft, daß ich auf den nachfolgenden Seiten ›schmutzige Wäsche‹ wasche, wird enttäuscht sein. Ich verrate vieles – aber beileibe nicht alles! Ich denke nämlich nicht, daß der natürliche, uns allen eigene Voyeurismus im Zusammenhang einer Biographie so weit gehen muß, allzu ausgiebig aus dem sprichwörtlichen ›Nähkästchen‹ zu plaudern oder gar Vertrauensverhältnisse auf's Spiel zu setzen. Geht es um Lob, so versteht sich von selbst, daß die Adressaten offenherzig beim Namen genannt werden. Denn das schadet nichts und erhält die Freundschaft. Wenn ich hingegen jemandem etwas näher, vielleicht sogar zu nahe trete, was hin und wieder vorkommen kann, so bleibt das Inkognito der betreffenden Person gewahrt. Indiskretion ist meine Sache nicht. Das heißt aber noch lange nicht, daß ich auf den nachfolgenden Seiten ein Blatt vor den Mund nehme. Wahrheiten können bisweilen auch mal unangenehm sein.

Als Israelin – und Tochter meiner Mutter! – tendiere ich instinktiv dazu, jiddische Redewendungen oder Begriffe in meine Ausführungen einzubauen, ohne jedesmal sofort auf die Verständlichkeit der jeweiligen Gedanken Rücksicht zu nehmen. Um trotz dieser rhetorischen Schnoddrigkeit die Authentizität meines kruden Sprachbildes nicht künstlich zu glätten, haben wir uns dazu entschlossen, diesem Buch ein Glossar mit Übersetzungsangeboten einschlägiger jiddischer Begriffe (wie z.B. »Chuzpe«, »Meschugge« oder »Tacheles«, aber auch »Kibbuz« usw.) anzufügen. So haben nämlich nicht nur meine Freunde und Bekannten ihren Spaß, die den Tonfall mit Sicherheit wiedererkennen werden, sondern es kommen darüber hinaus auch jene Leser auf ihre Kosten, die meinen verzweigten Lebensbericht vor allem aus etymologisch-lexikalischen oder kulturhistorischen Gründen in die Hand genommen haben. Jedem kann man es natürlich nicht recht machen, aber das ist, denke ich, auch nicht nötig.

Der geneigte Leser wird auf ausführliche Redepassagen stoßen, deren beschwingter Plauderton aus den Interview-Situationen resultiert, in der sie geäußert wurden. In formaler Hinsicht ist dieses Buch, wie bereits angedeutet, ein Zwitter: halb komme ich selbst zu Wort, halb sind die äußeren Umstände meines Lebens Gegenstand der Beschreibung. Diese Verbindung erschien uns aber am besten dafür geeignet zu sein, um ein möglichst komplexes, anschauliches und vielschichtiges Bild meiner Biographie wie meiner Zeit wiederzugeben – ein Bild, das durch den unmittelbaren, bisweilen mündlich wirkenden Stil zugleich auch jenen Lesern eine Vorstellung von meiner Person vermittelt, die mich nicht persönlich kennen.

Einer meiner Freunde hat mich einmal treffend als »Bild ohne Rahmen« charakterisiert. Ich nehme an, die Äußerung sollte mein notorisch ausgreifendes, nicht in eine Begrenzung einzufriedendes, stets unruhiges Naturell charakterisieren. Ich fasse sie als Kompliment auf. Rahmenlosigkeit – jeder Kunsthistoriker dürfte diese Feststellung unterschreiben – ist ein sicherer Hinweis auf Modernität. Ich verstehe mich selbst als eine moderne Frau, wenn auch mit einem ausgeprägten Sinn für Traditionen und überlieferte Werte. Wie ein »Bild ohne Rahmen« verstehe ich mich als offen – genauer weltoffen und neugierig –, aber nicht ohne Bodenhaftung und Ortsverbundenheit. Und auch das vorliegende Buch kann im Grunde als ein »Bild ohne Rahmen« bezeichnet werden. Es schlägt – zwischen zwei Buchdeckeln – einen weiten Bogen, regional, kulturell wie thematisch, und es verfügt über einen offenen Horizont.

Der Anspruch eines solchen Buches kann meiner Ansicht nach nicht darin bestehen, vollständig oder im historiographischen Sinne ›objektiv‹ sein zu wollen. Während andere über Dinge schreiben, die sie nicht erlebt haben, habe ich mehr erlebt, als hier aufgeschrieben ist. Auch will es niemanden belehren. Der Anspruch dieses Buchs ist viel bescheidener: Es erzählt von einem bewegten Leben im Spiegel der Zeitgeschichte – und zwar »mit Lust und Chuzpe«.

Berlin, im August 2001

Ein anhaltendes »Nachholbedürfnis«
Kindheit in Polen (1948-1957)

Eigentlich heißt Mania ja Maria. Den Namen Mania, unter dem man sie heute kennt, hat ihre Mutter ihr verliehen, weil sie der Ansicht war, daß ein weniger jüdisch klingender Name besser für ihre schutzbedürftige Tochter sei. Außerdem hat dieser Name einen schönen Doppelsinn: »Wahrscheinlich hatte meine Mutter schon damals erkannt, daß ich ein bißchen verrückt bin!«, denn »mania« bedeutet ja auch soviel wie »extreme enthusiasm«. Nur ein kleines »c« fehlte zum »maniac«. Das paßte ganz gut.

Der eigentliche Anlaß für Marias Umbenennung jedoch ist alles andere als erheiternd. Um sie zu schützen, so denkt sie heute, hätten ihre Eltern damals in Polen den Namen Mania gewählt und später, da sich alle daran gewöhnt hatten, einfach beibehalten. Denn darum sei es ihren Eltern immer gegangen – um den Schutz ihres einzigen Kindes in und vor einer Welt, die sie aus gutem Grund als gefährlich und feindselig ansahen, auch wenn diese Einschätzung mit den persönlichen Erfahrungen ihrer Tochter nicht unbedingt mehr in Einklang zu bringen war. Doch wer in Auschwitz gewesen ist und diese Hölle überlebt hat, sieht die Welt später mit anderen Augen.

»Meine beiden Eltern Lotka und Leon Keller stammten aus Galizien. Mein Vater, dessen Nachname deutschen Ursprungs ist, wurde am 15. Mai 1906 in Tysmienica geboren – wie übrigens auch der Vater von Sigmund Freud, was immer das zu bedeuten hat! Damals gehörte dieser Ort, der in der Nähe der Grenzen zu Österreich und Ungarn gelegen war, zum polnischen Staatsgebiet. Heute zählt er zur Ukraine.« Im Hauptbezirk Stanislav bestand seinerzeit die Hälfte der Einwohnerschaft aus Israeliten, insgesamt um die zwölftausend Juden waren hier ansässig. »Mein Vater, der eigentlich Architekt gewesen ist, gehörte einer Kavaleriebrigade an. Das war eine Position, damals sehr angesehen war. Und die Juden zählten dazu.« Manias Mutter, zu der sie zeitlebens eine enge Bindung behalten sollte, war Hausfrau. Sie entstammte einer kleinen Stadt ganz in der Nähe von Tysmienica und bildete in ihrer energischen Art den Gegenpol zu ihrem eher ruhigen Mann. »Mein Vater war ein intellektueller Typ, meine Mutter dagegen war lebensklug.«

Dann geschah das Schreckliche, »das nicht nur das Leben meiner Familie mit einem Mal radikal verändern sollte. 1939 marschierte die deutsche Wehrmacht in Polen ein. Die polnischen Juden, die seit jeher hier gelebt und gearbeitet hatten, wurden verfolgt und deportiert. Meine Eltern wie auch meine Großeltern väter- und mütterlicherseits kamen nach Auschwitz. Aber im Unterschied zu meinen Eltern haben meine Großeltern das Lager nicht überlebt. Auch meine beiden älteren Schwestern – Miriam und Rahel – sind in Auschwitz umgekommen. Ich habe sie nie kennengelernt. Dieser Verlust ist der eigentliche Grund, weshalb mich meine Eltern in so extremem Maße behüten wollten. Ich durfte nichts tun, was mich aus ihrer Sicht in irgendeiner Weise einer Gefährdung aussetzte. Meine Eltern haben mich an keinem Schulausflug teilnehmen lassen. Und Sport durfte ich auch nicht treiben, damit bloß nichts passierte. Sie müssen sich mal vorstellen: Ich habe erst mit zweiunddreißig Jahren Schwimmen gelernt und kann bis heute nicht richtig Fahrrad fahren, weil mir das alles in meiner Kindheit strikt untersagt gewesen war.«

Nach der Befreiung von Auschwitz durch die Rote Armee im Mai 1945 kehrten Manias Eltern zurück in ihre Heimat – aber nicht nach Galizien, das nunmehr, nach der Verschiebung der territorialen Besitzverhältnisse infolge des Zweiten Weltkriegs, zur Ukraine gehörte, sondern nach West-Polen, »um genau zu sein: zunächst nach Bishnitza-Bajan, später dann nach Legnica (Liegnitz). Das ist die wahre Geschichte, wie sie sich mir nach und nach in Bruchstücken erschlossen hat. Ahnenforschung ist alles anderes als einfach – vor allem vor diesem historischen Hintergrund.« Denn mit der Veränderung der politischen Landkarte ging nicht nur in diesem Fall eine Umdeutung der Geschichtsauffassung einher, die seriöse Recherchen nahezu unmöglich macht. Wie Geschichte zu interpretieren und zu schreiben sei, wird eben von den Siegern festgelegt. Das gilt im großen wie auch kleinen Maßstab, wenn es um die Rekonstruktion persönlicher Schicksale geht, deren ohnehin dünne Spur sich oft genug in Archiven und Dokumentationszentren verliert. »Doch inzwischen bin ich ja mit dem ukrainischen Botschafter Anatoli Ponomarenko befreundet, dem ich die Geburtsurkunden meiner Eltern geschickt habe. Ich habe ihn gebeten, mir Informationen über meine Vorfahren zukommen zu lassen, was er dann auch getan hat. Und irgendwann, wenn die Zeit reif dafür ist, werde ich die Orte der Herkunft meiner Familie auch besuchen.«

Der November 2000, in dem wir unsere Gespräche zu diesem Buch beginnen, bietet in klimatischer Hinsicht gute Voraussetzungen, um sich in einer warmen, bequem und stilvoll eingerichteten Wohnstube mit der Vergangenheit zu beschäftigen. Die gutbürgerliche Bleibe der Feilckes im Berliner Bezirk Schöneberg, unweit des Rudolph-Wilde-Parks und des Rathauses Schöneberg gelegen, ist mit zahlreichen Erinnerungsstücken, mit Bildern, Büchern und alten Möbeln ausgestattet, die belegen, daß hier eine rege und beständige Auseinandersetzung mit der Geschichte gepflegt wird. Auf den kleineren Wohnzimmertischen liegen aufgeschlagene Bildbände über Jerusalem – dem erklärten Sehnsuchtsort vieler Juden in der Diaspora und auch für Mania Feilcke der Ort, an dem sie am liebsten leben möchte, wie sie einem – dem FAZ-Magazin nachempfundenen – Fragebogen anvertraut hat. Als Antwort auf die Frage nach ihrem »größten Fehler« findet sich denn auch die konsequente Antwort: »Israel zu verlassen«.

Doch der Reihe nach, noch sind wir nicht einmal in Israel angekommen. Unsere Gespräche finden an jenem dunklen, schweren und überaus großen Wohnzimmertisch statt, an dem Mania Feilcke auch ihre legendären Diplomaten-Damenrunden zu veranstalten pflegt. Jetzt ist er aus gegebenem Anlaß über und über mit Büchern, Aktenordnern, Briefen, Zeitungsausschnitten und anderen losen Papieren übersät, die sie während ihrer Recherchen zusammengetragen hat und die im Zuge ihrer gedanklichen Rekonstruktionsarbeit als jederzeit verfügbare Gedächtnisstütze dienen. Natürlich sind auch Unterlagen darunter, die mit ihrer Funktion als Präsidentin des Berliner Diplomatenclubs beim Auswärtigen Amt zu tun haben. Immer wieder werden unsere Unterhaltungen von mehr oder weniger wichtigen Telephonanrufen unterbrochen, in denen es um die Klärung von Detailfragen in Bezug auf ein bestimmtes Protokoll oder um den zentralen Punkt der Zusammensetzung von Einladungslisten geht. Doch wie präsent und fordernd das Tagesgeschehen auch sein mag – der intensive Bezug zu ihrer Herkunft, der beständige Umgang mit Dingen oder Handlungen, die in der jüdischen Tradition gründen, steht für Mania Feilcke außer Frage.

»Ich trage immer das Bild meiner Heimat in meiner Seele«, sagt sie, als wir auf ihr Verhältnis zu Israel zu sprechen kommen. Vor uns auf dem Tisch steht zwischen all den Papieren ein großer neunarmiger Leuchter, mit dem das Lichterfest Chanukka gefeiert wird. Der Spruch »Gelobt seiest du, Ewiger, unser Gott, König der Welt, der du uns geheiligt durch deine Gebote und uns befohlen, das Chanukkalicht anzuzünden«, bezieht sich auf eine Legende, nach der man damals, in makkabäischer Zeit, lediglich einen kleinen Ölkrug im Tempel gefunden hatte, der vorschriftsmäßig versiegelt und dadurch zu kultischen Zwecken verwendbar war. Obwohl sein Inhalt nur für einen Tag auszureichen schien, langte er für ganze acht Tage, bis neues Öl bereitet worden war. Zur Erinnerung an dieses Wunder wird zu Chanukka, was soviel wie »Einweihung« bedeutet, jeden Tag ein Licht mehr entzündet, bis alle acht Kerzen des Leuchters entflammt sind.

Während unseres Gesprächs spendet lediglich der große Kronleuchter im Wohnzimmer der Familie Feilcke ein gedämpftes Licht. Doch zu gegebenem Anlaß werden auch Chanukka-Leuchter und Menora wieder im Schein der Kerzen erstrahlen, denn in diesem Haushalt herscht ein bewußtes und zugleich angenehm entspanntes Verhältnis zu religiösen Traditionen vor, das ein wenig an das Mendelssohnsche und Lessingsche Ideal einer harmonischen Koexistenz zwischen Juden und Christen erinnert. Manias Ehemann Jochen Feilcke entstammt einer protestantischen Theologenfamilie, und so werden im Hause Feilcke eben jüdische und christliche Feste gefeiert, ohne daß deren Geist und Bedeutung in irgendeiner Weise beeinträchtigt wäre. Es ist ein anschauliches Beispiel für eine ›gelebte Tradition‹, die gegenüber Neuem aufgeschlossen ist und zugleich das Überlieferte zu bewahren und weiterzutragen versucht. Die gesamte Wohnung der Feilckes ist von dieser im besten Sinne bürgerlichen Tradition durchdrungen, die ganz unaufdringlich das Alte mit dem Neuen verknüpft, die Vergangenheitsbewußtsein und Zeitgenossenschaft ohne Aufhebens miteinander in Einklang zu bringen vermag. Der prall gefüllte Bücherschrank verrät ein reges Interesse an klassischen wie an modernen Autoren. Auf dem alten Flügel aus dem Familienbesitz von Jochen Feilcke häufen sich Fotos von Freunden und Familienmitgliedern. Und eine Fülle von Dekorationsobjekten aus Glas und Porzellan bekundet Liebe für's Detail.

»Ich kann mich noch dunkel an unsere Wohnung in Legnica erinnern. Die Straße, in der wir wohnten, hieß Ulitza Piekraska. Die Nummer 12 a war ein sehr schönes, altes Gebäude, in dem insgesamt sechs Familien untergebracht waren. Die einzige jüdische Familie waren wir. Alle anderen waren Christen aus Polen. Unsere Familie verfügte über gerade einmal zwei Räume, ein Schlafzimmer und ein Wohnzimmer, mit alten Möbeln, die mir nach all den Jahren noch recht klar vor Augen stehen. Da wir mit dem verfügbaren Platz sparsam umgehen mußten, stand mein Bett im Schlafzimmer meiner Eltern. Dort befand sich auch ein weißer Kachelofen und daneben ein weiß lackiertes Holzbett. An der Wand hing ein ganz alter, schon etwas löchriger und auch ein bißchen muffeliger Gobelin. Die Toilette wie auch die Küche haben wir uns mit den anderen Familien auf unserer Etage geteilt. Das war für mich damals eine Selbstverständlichkeit – und sollte es noch lange Jahre bleiben.«

Familie Keller, selbst dem bürgerlichen Milieu zugehörig, lebte in einem bürgerlichen Viertel von Liegnitz an der Katzbach, einer Stadt, die im 12. Jahrhundert als Handelssiedlung in der Nähe einer Burg entstand und später vor allem als Zentrum der traditionellen Textil- und Nahrungsmittelindustrie, der Metallverarbeitung, aber auch des Musikinstrumentenbaus bekannt wurde. »Die Juden haben seinerzeit in einer wirklich schönen Gegend der Stadt gewohnt«, erinnert sich Mania heute. Dennoch hatten sich die Kellers mit räumlichen Beschränkungen auseinanderzusetzen. »Für meine Eltern war es ein Problem, die Küche mit anderen teilen zu müssen. Das hing vor allem damit zusammen, daß sie den Schabbat immer geachtet haben und auf die speziellen Vorbereitungen dieses Festes nicht verzichten mochten. Meine Eltern waren keineswegs jüdisch-orthodox orientiert. Aber die Vorbereitungen des Schabbat am Freitag waren bei uns zuhause immer eine große Sache. Unsere Nachbarn haben sich jedesmal gefragt, was wir zu diesen Zeiten in der gemeinsamen Küche eigentlich veranstalteten. Die Zubereitung des ›gefillten Fischs‹, das Backen der Brote – Challot oder Barches – und die ganzen anderen Dinge, die für den Schabbat von Bedeutung waren, hat meine Mutter immer heimlich erledigt, damit es die anderen im Haus nicht mitbekamen. Natürlich wußten unsere Nachbarn, daß wir Juden waren und daß sich bei uns zuhause freitags nachmittags vor dem Schabbat etwas tat. Aber was genau das gewesen ist, blieb Gegenstand anhaltender

Spekulationen. So ist das eben: Was man nicht kennt, bleibt suspekt. Immerhin brachten unsere Nachbarn genügend Diskretion auf, um nicht weiter zu insistieren und die befremdliche Angelegenheit, nun ja, sagen wir: auf sich beruhen zu lassen.«

Anders als die christlichen Feste, die wie zum Beispiel Ostern, Pfingsten oder Weihnachten an das Leben, den Tod und die Auferstehung Christi erinnern, stehen die jüdischen Feiertage für die anhaltende Verbindung mit der alten jüdischen Geschichte. Der wichtigste von ihnen ist der Schabbat, der von deutschen Juden auch »Schabbes« genannt wird und mit dem Wort »Samstag« verwandt ist. Schabbat bedeutet in wörtlicher Übersetzung soviel wie »Ruhe«. Am siebten Tag jeder Woche – von Sonnenuntergang am Freitag bis Sonnenuntergang am Samstag – hat jegliche Arbeit zu ruhen, denn dieser Tag gilt als ein Geschenk Gottes, an dem sich der Mensch ausschließlich heiligen Dingen zuwenden soll. Bei den Christen, die ja ebenfalls einen Ruhetag pro Woche begehen, ist dies der Sonntag. Die jüdische Überlieferung geht davon aus, daß der Schabbat im Zuge der Schöpfung von Gott selbst eingesetzt und als Zeichen des Bundes zwischen diesem und Israel gestiftet wurde. Als wöchentlicher Gedenktag zur Erinnerung an die Vollendung der Schöpfung und den Auszug aus Ägypten ist der Schabbat das Zentrum jüdischer Frömmigkeit. Er wird im privaten Kreis der Familie wie auch in der Synagoge begangen und von einer Vielzahl ritueller Handlungen und Gebete begleitet. Nach dem Entzünden und Segnen der beiden Schabbatkerzen wird eine Mahlzeit eingenommen, die unter anderem aus Wein, Brot und Salz besteht. Den festlichen Ausklang bildet die Hawdala, die als Grenze zwischen Feiertag und anbrechendem Alltag verstanden wird. »Israel«, sagt Mania Feilcke, »ist das einzige Land der Welt, in der die biblische Vorschrift ›Sechs Tage sollst du arbeiten, aber der siebte Tag gehört Gott‹ wirklich eingehalten wird. Hierzulande nicht!«

Mania wurde von ihren wertkonservativen Eltern nach jüdischen Glaubensvorstellungen erzogen. »Alle jüdischen Feiertage wurden in unserem Haushalt geachtet, meine Eltern gingen regelmäßig in die Synagoge. Zum Pessach-Fest gab's für mich immer ein neues Kleidchen, auf das ich mich freute, weil das etwas Besonderes war. Gleichwohl wurde ich zu nichts gezwungen. Meine Eltern waren assimilierte Juden, die sich mit den kulturellen Gepflogenheiten in Polen identifizierten und die trotz des Leids, das vom nationalsozialistischen Deutschland während der Besatzungszeit über ihre Familie gebracht wurde, keine anti-deutschen Gefühle hegten. Jedenfalls ist mir das nie aufgefallen.

Wenn ich meine Mutter, die im übrigen besser deutsch sprach als mein Vater, beschreiben soll, dann fällt mir zuerst die Schlichtheit ihres Auftretens ein, wie sie für ihre Generation charakteristisch ist. Sie trug niemals Schminke und auch keinen Schmuck. Das wäre ihr übertrieben vorgekommen. Alles an ihr war handgemacht und echt. Auf Firlefanz jeglicher Art wurde verzichtet. Sie war ein reinlicher Mensch, der Pünktlichkeit und Disziplin schätzte und diese Tugenden auch von seinen Mitmenschen erwartete. Zugleich schien sie mir im Vergleich zu meinem Vater irgendwie melancholischer. Fast konnte man den Eindruck gewinnen, daß die schrecklichen Ereignisse der Vergangenheit meine Mutter stärker verwundet hatten als meinen Vater, obwohl auch er ein Leben lang unter den seelischen Narben litt, die der Holocaust bei ihm hinterlassen hatte. Er bemühte sich nur stärker darum, das alles zu verdrängen – in solchen Dingen seid ihr Männer ja ohnehin besser! Die Erziehung durch meine Eltern stand jedenfalls im Zeichen der Bescheidenheit und des Verzichts. Was nicht als wirklich notwendig erachtet wurde, das gab es bei uns zuhause nicht. Darüber wurde dann nicht mehr diskutiert. Sie kennen ja sicher den Unterschied zwischen einer jüdischen Mutter und einem Terroristen? Nein? Mit dem Terroristen kann man verhandeln!«

Es ist schon sonderbar, welche Erinnerungen an unsere frühen Lebensjahre im Gedächtnis haften bleiben – und welche nicht. Am vertrautesten sind wir in aller Regel mit der häuslichen Umgebung, deren hinterster Winkel uns auf Anhieb präsent zu sein scheint, dicht gefolgt von der Schule, in der wir ebenfalls viel Zeit verbracht haben. Ausgehend von diesem räumlichen Nukleus strahlen dann in der Rückschau schmaler werdende Linien in die nähere Umgebung aus – in jenes Dorf oder jene Stadt, in der wir aufgewachsen sind. Und nicht selten endet der kindliche Vorstellungshorizont an einem finsteren Wald, dessen Ende wir nie zu Gesicht bekommen, oder an einem See, dessen gegenüberliegendes Ufer wir nie betreten haben. Die Trampelpfade der Erinnerung verlaufen willkürlich und ohne innere Logik durch die Topographie unserer Kindheit und Jugend. Und dennoch, vielleicht gerade deshalb, hüten wir sie wie einen Schatz aus fernen, glücklichen Zeiten, dessen Bergung auch die Gegenwart zeitweise in ein milderes Licht zu tauchen vermag.

Mania Feilckes Erinnerungen an die erste Station ihrer Biographie führen auf direktem Weg von ihrem Elternhaus auf die Schulbank. »Die Straße zu meiner Schule in Legnica war eine sehr schmale, dunkle Gasse. Nicht nur bei uns zuhause, sondern auch unter meinen Mitschülern war ich das einzige jüdische Kind. Denn die damalige Regierung unter Wladyslaw Gomulka, der seit 1943 Generalsekretär der polnischen Kommunisten gewesen war und nach seiner zwischenzeitlichen Inhaftierung 1956 erneut zum Parteiführer gewählt wurde, hatte die Juden dazu aufgefordert, Polen zu verlassen, und wir standen auf der Warteliste. Meine Eltern sprachen zwar polnisch, aber zuhause wurde nur jiddisch gesprochen.

Eines Tages sollte in meiner Klasse eine Theatervorführung gegeben werden, in der ich ein berühmtes Lied vortragen sollte, das noch heute in Polen gesungen wird: ›Krakoviaczek Jedden‹, was soviel wie ›Ein Krakauer‹ bedeutet. Die meisten meiner Mitschüler waren blond und blauäugig, während ich zu den wenigen zählte, die braune Augen und lange dunkle Zöpfe hatten. Dennoch habe ich meine Mutter darum gebeten, in diesem Stück mitspielen zu dürfen. Ihre schofelige Antwort, die mir im Grunde schon vorher bekannt war, lautete programmatisch: ›Nein, kommt gar nicht in Frage, du bist die einzige Jüdin!‹ Es war für sie einfach nicht denkbar, daß ich mich vor aller Öffentlichkeit auf einer Bühne präsentierte. Sie wollte mit allen Mitteln verhindern, daß ich in irgendeiner Form auffällig wurde. Was soll ich sagen? Ausgestattet mit der mir eigenen Chuzpe habe ich mich schon damals durchgesetzt, die gut gemeinten Ratschläge meiner Eltern in den Wind geschlagen und entgegen ihrer ausdrücklichen Bitte an der Aufführung des Stücks mitgewirkt. ›Wenn du unbedingt willst‹, haben sie gesagt, ›dann bitte schön – mach es!‹. Was sollten sie gegen einen notorischen Dickschädel wie mich auch ausrichten? Man denkt in jungen Jahren ja nicht darüber nach, was man seinen Eltern so alles zumutet.«

Es sollte im übrigen die einzige Bühnenrolle der kleinen Mania bleiben, denn auch die Teilnahme am Ballettunterricht, der hin und wieder mit kleineren Aufführungen gekrönt wurde, war ihr aus den nun schon bekannten Gründen untersagt. Mania Feilcke selbst hält es für »durchaus nicht abwegig«, jene öffentlichen Aufgaben, die sie heute bekleidet, auch als Kompensation eines verordneten Mangels an kindlichen Präsentationsmöglichkeiten zu interpretieren. Dies ist natürlich nicht der einzige und schon gar nicht der entscheidende Grund für ihr gegenwärtiges Engagement, aber immerhin – der ersichtliche Spaß, den es ihr bereitet, sich öffentlich darzustellen, mag als eine Art später Ausgleich für frühzeitig entgangene Auftritte bewertet werden. »Ich brauche Kulissen – und schaffe sie mir«, sagt sie über ihre heutige Form der Selbstdarstellung.

»Dann wurde ich schwer krank. Ich hatte die Windpocken. Man wollte mich damals sogar in's Krankenhaus einweisen, aber auch das wollten meine Eltern nicht, weil es sich um ein Nonnenkrankenhaus handelte. Katholisch – so etwas kam für sie nicht in Betracht. Ein nichtjüdischer Arzt, der mich daraufhin zuhause behandelt hat, wurde von meinen Eltern mit viel Geld bezahlt, denn sie wollten auf keinen Fall, daß ich in einem nichtjüdischen Krankenhaus landete. Hier kommen zwei Aspekte zusammen: Die eingefleischte Skepsis meiner Eltern gegenüber konfessionsfremden Behandlungsmethoden – was immer sie sich darunter vorgestellt haben mögen – und natürlich auch die Sorge um das Wohlergehen ihres Kindes, die sich auch in diesem Fall (es sollte nicht der letzte gewesen sein!) in einem, wie ich damals fand und auch heute noch finde, übertriebenen Beschützerinstinkt Ausdruck verschaffte. Den Namen des Arztes habe ich übrigens behalten, er hieß Doktor Norkin und hat seine Sache sehr gut gemacht.«

Wer wie Manias Eltern mit Argusaugen über das geistige und materielle Wohl seines Kindes wachte, dem konnte auch die soziale Situation an ihrer Schule, die ja nichts anderes als ein Abbild der Gesellschaft in verkleinertem Maßstab darstellt, nicht gleichgültig sein. Zwar erwiesen sich sämtliche Befürchtungen, ihre Tochter könne aufgrund ihrer Religionszugehörigkeit ausgegrenzt oder gar schikaniert werden, letztlich als haltlos; dennoch wurden diese Fragen im Hause Keller zur Sprache gebracht und dadurch zu einem Gegenstand kindlicher Überlegungen und Gedankenspiele. »In der Schule habe ich wie alle anderen Schüler eine Uniform getragen – ein schwarzes Kleid mit weißem Kragen. Deshalb habe ich mich nicht isoliert von den anderen Kindern gefühlt. Wir waren alle gleich angezogen, egal welchem Milieu wir entstammten und welchen sozialen Hintergrund wir hatten.«

Es kommt nicht von ungefähr, daß sich an unseren heutigen Schulen erneut die Stimmen mehren, die für eine Wiedereinführung dieser lange Zeit als gleichmacherisch und unpersönlich verpönten Tradition plädieren. Die Argumente sind die gleichen wie damals: Die Vereinheitlichung des äußeren Erscheinungsbildes, heißt es, verringere das Aufkommen sozialen Neids, der sich unter anderem an den Markennamen der Kleider und anderen Statussymbolen festmache. Wenn alle Schüler gleich aussähen, sei zwar das soziale Gefälle nicht aus der Welt, manifestiere sich aber zumindest nicht mehr auf Pausenhöfen und in Klassenzimmern. In Polen hat sich im übrigen diese Tradition bis heute erhalten.

Mania war ein glückliches Kind und fühlte sich, nicht zuletzt dank ihrer flotten Schuluniform, »ganz normal und happy. Ich hatte nicht das Gefühl, irgendwie ausgegrenzt zu sein. Für mich war das eigentlich gar kein Thema. Meine Eltern haben es immer wieder zu einem Thema für mich gemacht, indem sie mich zuhause damit konfrontierten. Die Ängste in Bezug auf meine Behandlung durch Gleichaltrige und Mitschüler gingen einzig und allein von meinen Eltern aus und haben sich schließlich auch auf mich übertragen.« Auch dies bewertet Mania Feilcke im Nachhinein nicht als bösen Willen. Im Gegenteil: »Man muß bedenken, daß das Klima in Polen damals ein spürbar antisemitisches war. Ich habe diese beklemmende Atmosphäre als Kind nicht mitbekommen und hätte sie wohl auch gar nicht recht verarbeiten können. Aber unter Gomulka waren die Juden in der Tat gut beraten, Polen zu verlassen. Es gab, wie erwähnt, sogar eine ausdrückliche Order an alle polnischen Israeliten. Deshalb haben sich meine Eltern zu einer Übersiedlung nach Israel entschlossen und sich bei den entsprechenden Behörden angemeldet. Meine Mutter hat jeden Tag auf den Briefträger gewartet, der uns die ersehnten Papiere bringen würde. Nur ich konnte mir absolut nicht vorstellen, was uns da so Außergewöhnliches zugeschickt werden könnte, daß meine Mutter derart in Nervosität versetzt wurde. Und das in schöner Regelmäßigkeit, morgens gegen zehn Uhr. Später wurde mir klar: Sie und mein Vater warteten auf die offizielle Genehmigung, endlich auswandern zu dürfen.«

Bis es soweit war, ging für Mania das ›normale Leben‹ in Legnica weiter. »Ich bin sogar gemeinsam mit meiner Mutter in den Urlaub gefahren – nach Polenica, ein wunderschöner Kurort, der für sein mineralhaltiges Wasser bekannt ist. Die Einrichtung, in der wir dort wohnten, kann man mit dem Müttergenesungswerk vergleichen. Deswegen war mein Vater nicht dabei. Erstmals hatte ich hier meine Mutter, die zuhause immer für meinen Vater da war, ganz für mich allein. Wir haben Spaziergänge unternommen – ich erinnere mich an Landschaften voller Schafe und Ziegen – und in der Hotelanlage des Kurorts Freiluft-Konzerten beigewohnt. Bei diesen Kurkonzerten in Polenica wurden meine Ohren für die Schönheit klassischer Musik sensibilisiert. Das Orchester spielte unter anderem Stücke von Chopin, die ich ganz bezaubernd fand, ohne damals allzu viel zu verstehen. Vielleicht war es einfach die Wirkung dieser federleichten Kompositionen unter freiem Himmel.«

Manias Beschäftigung außerhalb der Schule blieb jedoch weiterhin auf ein überschaubares Maß reduziert. »Ich durfte ja keine Hobbies haben, und so habe ich mich in meiner Freizeit eben mit meinem kleinen Transistorradio beschäftigt. Musik hören und mit meinen Puppen spielen, das war's im großen und ganzen. Ich hatte eine ›richtige‹ Puppe und noch viele weitere, die provisorisch aus Papier zusammengebastelt waren.« Heute besitzt Mania Feilcke eine kleine Sammlung kostbarer und seltener Puppen, als gälte es, auch auf diesem Gebiet die Entzugserscheinungen, die sie als Kind erfahren hat, in reiferen Jahren durch ein Höchstmaß an Exklusivität auszugleichen. Dafür, daß sie früher so wenig von all dem hatte, was man landläufig als ›Luxus‹ bezeichnet, entschädigt sie sich nun durch einen sehr bewußten Genuß schöner Dinge.

Eines Tages traf dann die lange ersehnte Erlaubnis, nach Israel emigrieren zu dürfen, endlich im Hause Keller ein. »Zur damaligen Zeit, Mitte der fünfziger Jahre, waren noch zahlreiche Juden in Polen verstreut. Auch in Legnica kannten wir einige. Für die reichen Juden war es natürlich einfacher, an ein Visum zu gelangen. Die haben einfach die polnischen Behörden geschmiert. Zu diesen Leuten gehörten meine Eltern allerdings nicht. Deswegen mußten wir etwas länger warten, bis wir unsere Visa hatten. Wie ich den Pässen meiner Eltern entnehmen kann, haben sie sich am 12. Dezember 1956 in Wrozlaw (Breslau) um die Genehmigung zur Ausreise beworben. Die Permission, Polen über Österreich verlassen zu dürfen, haben wir dann am 20. Februar 1957 erhalten. Die Reise sollte anschließend über Italien nach Israel führen, und in den Pässen steht geschrieben, daß sie ›ohne Aufenthalt‹ zu erfolgen hatte.«

Mit Pässen hat es in Mania Feilckes Leben ohnehin eine besondere Bewandtnis. Sie selbst besitzt zwei – einen US-amerikanischen und einen, der sie als Bürgerin des Staates Israel ausweist. In den Papieren ihrer Eltern, die nach ihrer Übersiedlung ausgestellt wurden, findet sich ein folgenreicher Vermerk, der den ehemaligen israelischen Botschafter in Bonn und langjährigen Freund der Familie Feilcke, Avi Primor, sogar dazu bewogen hat, seine Erinnerungen danach zu benennen: In die Pässe, die der junge Staat Israel seiner Bevölkerung ausstellte, war in französischer und hebräischer Sprache der Hinweis eingstempelt, daß sie für alle Länder Gültigkeit hätten – für alle ... »mit Ausnahme Deutschlands«.

»Meine Eltern sind nach unserer Ausreise nie wieder in ihre alte Heimat zurückgekehrt. Auch deutschen Boden haben sie nie betreten. Das hing bei ihnen aber nicht mit Ressentiments gegenüber Deutschland im allgemeinen zusammen, wie man es bei vielen Israelis ihrer und meiner Generation beobachten kann. Sie waren einfach der Auffassung, daß eine Auswanderung im Leben genug sei und beschränkten sich fortan auf die Organisation ihres neuen Umfeldes. Auch innerhalb Israels sind die beiden so gut wie nie verreist. Nach all dem, was sie in ihrem bisherigen Leben durchgemacht hatten, stand bei ihnen die Sehnsucht nach Seßhaftigkeit im Vordergund. Sie glaubten, genug gesehen zu haben und wollten für den Rest ihres Lebens nichts anderes, als an dem Ort zu bleiben, an dem sie angekommen waren.«

Bei Lichte betrachtet befanden sich die nach Israel ausreisenden polnischen Juden in einer paradoxen Situation: Man ging ins Exil, das für viele zugleich eine Art Heimkehr bedeutete. Eine Heimkehr nach Zion. »Ich kann mich noch lebhaft daran erinnern, daß wir auf einem nicht allzu großen Schiff mit vielen anderen Familien untergebracht waren. Juden aus ganz Polen waren auf diesem Schiff versammelt. Alte und junge Leute, auch kleine Kinder. Keiner hatte einen richtigen Koffer dabei, dafür aber viele Pekkalech, das sind kleine Pakete, die man sich unter den Arm oder sonstwohin klemmt, um seine Habseligkeiten zu transportieren. Die Welt der Louis Vuitton-Koffer lag für mich in weiter Ferne. Aber zum Glück wußte ich ja damals auch noch nichts von den Segnungen solcher Luxusartikel.

Es gab auf dem Schiff auch keine Unterteilung nach erster, zweiter oder dritter Klasse. Alle waren gleich, und alle hatten das gleiche Ziel. An ein ›Upgrading‹ in die Business-Class war damals nicht zu denken. Sämtliche Passagiere waren in ein und demselben Kabinentyp untergebracht. Große, dunkle Räume waren das, in denen sich die übelsten Gerüche gegenseitig überboten. Frauen mit Kindern in der einen, Männer in der anderen Abteilung. Unter solchen Vorzeichen half mir meine angeborene Chuzpe nun beim besten Willen nicht weiter. Ich war in einer Situation, mit der ich mich schlicht und ergreifend abzufinden hatte. Allzu lange würde es schon nicht dauern!«

Daß eine solche Passage alles andere als hygienisch oder gar angenehm verlief, liegt auf der Hand. Man unternahm eben keine Kreuzfahrt, sondern war schon froh, sich überhaupt auf dem Seeweg nach Israel zu befinden. »Zu allem Überfluß gab es auf unserem Schiff Läuse, auch ich hatte welche. Meine Mutter wollte mir meine langen Haare abschneiden, und ich habe ihr, wie meistens, energisch widersprochen. Dergleichen komme überhaupt nicht und unter gar keinen Umständen in Frage! Meine Mutter, was sollte sie gegen meine Daffke machen?, hat mir dann das Haar mit Kerosin gewaschen, weil das gut gegen Läuse sein soll. Danach war ich sauber. Dafür hat das Zeug ziemlich gestunken. Aufgrund dieser Erfahrungen kaufe ich mir heute immer Chanel No. 5. Sobald es irgendwo nicht gut riecht, um es mal vorsichtig zu formulieren, sprühe ich sofort mit Chanel durch die Gegend. Das habe ich sogar später in Afrika benutzt – auf den Außentoiletten.«

Solche ›Prägungen‹ halten ein ganzes Leben. Mania Feilcke hat von ihrer Schiffspassage nach Israel nicht nur eine nachhaltige Abneigung gegen üble Gerüche behalten, sondern auch eine handfeste Klaustrophobie. »Noch heute, wenn ich einen Lift benutzen soll, sage ich zu meinen Begleitern: ›Nein danke, sie nehmen mit mir gemeinsam die Treppe!‹ Und das machen die dann auch – ob es sich nun um Monika Diepgen, die Gattin des ehemaligen Regierenden Bürgermeisters von Berlin, oder um den ehemaligen Staatsminister im Auswärtigen Amt, Helmut Schäfer, handelt, um nur zwei Personen zu nennen, die die Spätfolgen meiner Ausreise nach Israel mit mir teilen mußten. Seit damals habe ich das. Alles war so eng, die Leute waren so dicht beieinander, einfach unerträglich! Und es ging ja später weiter, als meine stets besorgten Eltern mich in Israel in unserer kleinen Wohnung einschlossen, während sie zur Arbeit gingen. Denn ihre beständige Angst um mich war mit unserem Ortswechsels ja nicht verflogen.«

Trotz aller wohlmeinenden erzieherischen Maßnahmen – eines haben Mania Feilckes Eltern ihrer Tochter nicht mit auf den Lebensweg geben können, obgleich es für sie selbst ein ehernes Prinzip darstellte: die Sparsamkeit. »Ich war niemals wirklich sparsam. Doch in den zurückliegenden Jahren bin ich geradezu extravagant geworden. Ich kaufe gern und verschenke auch gern teure, schöne Sachen – und zwar immer mit der, zugegebenermaßen etwas fadenscheinigen Begründung, daß ich ein ›Nachholbedürfnis‹ in Sachen Luxus habe. Mein Mann pflegt dann meistens zu antworten: ›Das hast du schon seit fünfundzwanzig Jahren!‹ Er ist natürlich der Ansicht, daß es inzwischen längst ausgeglichen sein müßte. Aber wie sollte er es auch anders wissen? Seine Biographie hat schließlich keine Schiffspassage unter Auswanderern vorzuweisen. Solche Erfahrungen halten eben sehr, sehr lange vor ...«

Kibbuz und Kanonen
Neuanfang in Israel (1957-1972)

Mania Feilcke war acht Jahre alt, als sie mit ihrer Familie von Polen nach Israel übersiedelte. »Als wir in Haifa ankamen, das war am 4. März 1957, schien die Sonne wunderschön. Das war für mich ein phantastisches Erlebnis. In Polen war es immer dunkel und kalt, soweit ich mich erinnere war die meiste Zeit schlechtes Wetter. Außerdem war ich froh, endlich von diesem überfüllten Schiff runterzukommen. An Bord herrschten klaustrophobische Verhältnisse, es war eng, stickig und beklemmend – und hier schien die Sonne! Dieser Tag hat sich mir tief eingeprägt. Die Luft war voller Bessamim; alles roch sehr gut, wir bekamen sofort Orangen und Bananen und fühlten uns wie neu geboren. Den Geruch dieser Orangen werde ich im Leben nicht vergessen, weil er an die Stelle von etwas trat, was mir wirklich schwer zu schaffen gemacht hatte: der Gestank des Kerosin, mit dem meine Mutter meine verlausten Haare behandelt hat, und die üblen Gerüche überfüllter Schiffskabinen. Mein erster Eindruck von Israel war: Hier bist du in einem Land, in dem alles frisch ist, das gut riecht und in dem die Sonne vom Himmel scheint.«

Anstelle des zu erwartenden Kulturschocks – immerhin war man als Mitteleuropäer in Vorderasien gelandet, in einem Land, das unter anderem an das Mittelmeer und den Golf von Akaba grenzte – dominierte unter den Auswanderern nach dieser transkontinentalen Passage das Gefühl der hellen Freude über das Erreichen ihrer neuen Heimat. Israel war damals noch ein junger Staat, der 1948 nach Abzug der britischen Truppen aus Palästina gegründet worden war. Für die Juden in aller Welt stellte er einen wesentlichen Bezugspunkt dar, das lokale Zentrum ihres Glaubens, von dem ein großes Identifikationspotential ausging. Wer nach Israel auswanderte, tat dies in der Regel mit der Überzeugung, am Aufbau einer zukunftsweisenden Idee beteiligt zu sein. Schon während des Zweiten Weltkriegs hatte die jüdische Gemeinde in Palästina, die aus der zionistischen Bewegung hervorgegangen war, die Errichtung eines selbständigen Staatswesens gefordert. Seit 1902/03 hatte Großbritannien das Völkerbundsmandat über Palästina inne. Britische Überlegungen, das Land in einen jüdischen und einen arabischen Staat aufzuteilen, waren angesichts einer antizionistischen

Politik gegen Ende der dreißiger Jahre zusehends in den Hintergrund getreten. Und auch nach 1945 setzte sich die bisherige Tendenz, die jüdischen Bestrebungen nach Landkauf und Einwanderung einzuschränken, fort, obwohl inzwischen Hunderttausende von Juden Zugang nach Palästina forderten. Unterstützt wurden sie dabei von jüdischen Widerstandsbewegungen, die illegale Einwanderungen organisierten und sich beständige Scharmützel mit den britischen Truppen lieferten.

1947 wurde von den Vereinten Nationen ein Teilungsplan verabschiedet, der Zustimmung seitens der Jewish Agency fand, von arabischer Seite allerdings abgelehnt wurde. Trotz dieses Votums rief der Nationalrat der Juden am 15. Mai 1948 den unabhängigen Staat Israel aus, den kurze Zeit später sowohl die USA als auch die UdSSR anerkannten. Und noch am selben Tag begann der erste Israelisch-Arabische Krieg, dessen Ergebnis 1949 in vier Waffenstillstandsabkommen bestand. Der Gazastreifen wurde unter ägyptischer Kontrolle belassen, und Transjordanien wurde ein Teil des Gebiets westlich des Jordans zugestanden. Darüber hinaus bestätigte man die Teilung Jerusalems in eine jüdische und eine arabische Hälfte. Erst viel später, im Juli 1980, erklärte die Knesset, das israelische Parlament, ganz Jerusalem zur Hauptstadt Israels.

»Der Staat Israel«, hieß es in der 1948 proklamierten Unabhängigkeitserklärung des Staates Israel, »wird der jüdischen Einwanderung und der Sammlung der Juden im Exil offenstehen.« Ganz in diesem Sinne wurde am 5. Juli 1950 ein »Gesetz der Rückkehr« beschlossen, in dem unter anderem jedem Juden »das Recht« zugestanden wurde, »in dieses Land einzuwandern. [...] Ein Jude, der nach Israel kommt und sofort nach seiner Ankunft seinem Verlangen Ausdruck gibt, sich ständig in Israel niederzulassen, erhält die Staatsbürgerschaft.« Im Jahr 1970 ergänzte und konkretisierte das israelische Parlament dieses Gesetz durch unter anderem folgenden Abschnitt: »Für den Zweck dieses Gesetzes bedeutet ›Jude‹ eine Person, die von einer jüdischen Mutter geboren oder zum Judentum übergetreten ist und nicht einer anderen Religion angehört.«

Noch während der Kampfhandlungen des ersten Israelisch-Arabischen Krieges kam es zu einer Masseneinwanderung von Juden: Der jüdische Bevölkerungsanteil, der sich 1947 noch auf rund sechshunderttausend belaufen hatte, stieg auf mehr als das Doppelte an. Und da die jüdischen Einwanderer aus völlig unterschiedlichen sozialen Schichten und überdies aus verschiedenen Kulturkreisen in Asien, Afrika und Europa kamen, blieben in der Folgezeit Spannungen zwischen den Bevölkerungsgruppen des neuen Staates nicht aus. Auch für Familie Keller sollte das Vielvölkergemisch, das sich in ihrer neuen Heimat zusammenfand, über Jahre hinweg zu einer prägenden Erfahrung werden. »Wir trafen auf eine multikulturelle Vielfalt«, erinnert sich Mania, »wie ich sie bis dahin noch nicht gesehen hatte. Schon auf dem Schiff waren Menschen unterschiedlicher Nationalität aus allen sozialen Schichten zusammengepfercht. Was wir aber in Israel selbst erlebten, übertraf diese Erfahrung bei weitem. Es war eine Konstellation, die auf der Alltagsebene natürlich Spannungen mit sich brachte. Zugleich jedoch war es faszinierend zu sehen, daß sich Juden aus aller Welt zusammenfanden, um am Aufbau und der Entwicklung eines neuen Staates mitzuwirken.«

Erster gewählter Premierminister Israels wurde David Ben Gurion, der der Vereinigten Arbeiterpartei angehörte – einem Parteienbündnis, das bis 1977 die Regierungspartei Israels stellte. Die Opposition bestand ebenfalls aus einem Zusammenschluß verschiedener Parteien: zunächst aus der nationalistischen Cherut-Partei unter Menachem Begin sowie sehr kleinen kommunistischen Parteigruppierungen. Die Liberalen waren mal an der Regierung, mal an der Opposition beteiligt, ehe sie sich 1965 mit der Cherut-Partei zu einer Arbeitsgemeinschaft verbanden. 1973 kam es dann zu einem Zusammenschluß der Staatsliste, des Freien Zentrums, der Liberalen und der Cherut-Partei zum Likud-Block, der nach den Wahlen 1977 unter Premierminister Begin zur führenden Regierungspartei wurde.

Die anhaltenden politischen und sozialen Spannungen in Israel, das im Mai 1949 Mitglied der Vereinten Nationen geworden war, beeinflußte auf unterschiedliche Weise auch das Leben der Neuankömmlinge Mitte der fünfziger Jahre. Zum einen hatten sie sich mit zahlreichen konkreten Problemstellungen bei der Organisation ihrer neuen, veränderten Lebenswelt auseinanderzusetzen, zum anderen stand das Land, in das sie gekommen waren, von Anfang an im Kriegszustand mit seinen Nachbarstaaten. Als Familie Keller in Israel landete, war gerade der auch als ›Sinaifeldzug‹ bezeichnete zweite Israelisch-Arabische Krieg zuende gegangen, ein Präventivkrieg angesichts der aggressiven politisch-militärischen Haltung der arabischen Staaten. Israel hatte zwischen Ende Oktober und Anfang November 1956 den Gazastreifen sowie die Halbinsel Sinai besetzt und sollte sich kurze Zeit später erst nach Zusicherung einer freien Schiffahrt im Golf von Akaba wieder zurückziehen.

In einem Land, in dem mit wenigen Unterbrechungen ständig Krieg herrscht, werden Kinder und Jugendliche schneller erwachsen. So wurde Mania – in ungleich stärkerem Maße als in Polen – in Israel mit komplexen politischen und bisweilen auch militärischen Situationen konfrontiert, die nicht nur ihren Alltag prägten, sondern ihr im Lauf der Zeit auch in zunehmendem Maße eine Haltung abverlangten. Das bis dahin nur in Ansätzen vorhandene politische und nationale Bewußtsein der Heranwachsenden erfuhr unter diesen Vorzeichen eine nachhaltige Veränderung. Nicht, daß Mania im zarten Alter von zehn Jahren bereits intensiver über Politik nachgedacht hätte. Dafür war sie noch zu jung. Aber es ist eben ein Unterschied, ob man in einer parlamentarischen Demokratie oder in einem Land aufwächst, das seine territorialen Ansprüche mit militärischen Mitteln verteidigt. Manias Eltern haben die Labour-Partei gewählt, die den Sozialdemokraten nahestand. Insbesondere ihr Vater interessierte sich schon in Polen sehr für politische Angelegenheiten und machte auch im Kreis der Familie aus seiner Meinung zu den Problemen, die ihn gerade beschäftigten, keinen Hehl. In Israel jedoch war die gesamte Gesellschaft politisiert. Die ständigen territorialen Auseinandersetzungen zwischen Israelis und Palästinensern wie auch die Frage der nationalen Identität des Staatswesens auf internationaler Ebene boten dauerhaft Anlaß zur Diskussion. Die große Politik forderte nachhaltig ihren Tribut im Alltag.

Die Probleme der Neuankömmlinge bestanden freilich zunächst einmal in der Einleitung konkreter organisatorischer Schritte zur Ansiedlung in einem für sie fremden Land. »Die israelischen Beamten in Haifa haben uns viele Papiere zum Ausfüllen gegeben. Dann habe ich eine Unmenge von Bussen gesehen, die auf die Passagiere unseres Schiffs gewartet haben, um sie an einen Ort ihrer Wahl zu bringen. Ich muß allerdings hinzufügen, daß sich diese vermeintliche ›Auswahl‹ in sehr überschaubaren Grenzen hielt. Das Angebot bestand im wesentlichen aus einem Kibbuz oder einem

Moshav.« Das hebräische Wort »Kibbuz« bedeutet »Versammlung« oder »Gemeinschaft« und steht für ländliche Siedlungen, die von kollektiven Wirtschafts- und Lebensweisen geprägt sind. Der erste bekannte Kibbuz wurde schon 1909 in Jordanien gegründet. Die Idee einer solchen Einrichtung besteht darin, die erwirtschafteten Einkünfte bedürfnisgerecht zu teilen und ausgegeben. Ursprünglich als reine Landwirtschaftsbetriebe ausgerichtet, finden sich in heutigen Kibbuzim unter anderem auch bestimmte Industriezweige oder Tourismusunterkünfte. »Der Kibbuz«, sagt Mania Feilcke, »ist für mich bis heute die denkbar beste sozialistische Einrichtung – und zudem eine, die man sich selbst aussuchen kann. Alle Arbeiten werden gemeinsam verrichtet. Die Kinder schlafen getrennt von ihren Eltern. Man bekommt zwar kein Geld, dafür aber freie Kost und Logis. Der Moshav ist dagegen bis heute rein landwirtschaftlich ausgerichtet. Jeder der dort Zusammenlebenden hat sein eigenes Feld und kann auch die Einnahmen, die er erwirtschaftet, für sich behalten.«

Neben Moshav und Kibbuz hatten die Ankömmlinge aus Polen, die sich 1957 am Hafen von Haifa wiederfanden, die Möglichkeit, in eine Stadt zu gehen. »Natürlich standen nicht Tel Aviv oder Jerusalem zur Auswahl, sondern durchweg kleinere, weniger bekannte Orte. Meine Eltern wollten nicht in einen Kibbuz oder in ein Moshav. Und so hat sich mein Vater schließlich für Bet Shean entschieden – einen sonderbaren Ort, wie ich ihn bis dahin noch nie gesehen hatte. Bet Shean ist an der West Bank nahe der Grenze zu Jordanien gelegen und hat durch seinen Nationalpark eine gewisse Bekanntheit erlangt. Im Talmud wird über Bet Shean gesagt: ›Wenn das Paradies in Israel zu finden ist, dann ist Bet Shean sein Eingang.‹

Nun ja, allzu paradiesisch kam uns das damals nicht vor. Allein schon das Klima! Es war so heiß, daß es eine Weile dauerte, bis wir uns halbwegs daran gewöhnt hatten. Das Thermometer erreichte in den Sommermonaten fast immer vierzig Grad im Schatten. Früher mußte man sich ja ein bißchen schämen, wenn man sagte: ›Ich komme aus Bet Shean‹, weil dieser Ort neben Namen wie Jerusalem, Tel Aviv oder Haifa so gar nichts herzumachen scheint. Aber seit ein Junge aus unserer Nachbarschaft, David Levy, Außenminister wurde, bin ich ganz stolz und sage: ›Da komme ich auch her!‹.«

Die Busreise von Haifa nach Bet Shean war nicht nur für Familie Keller lange und beschwerlich, denn die Straßen ins Landesinnere waren Mitte der fünfziger Jahre noch nicht asphaltiert. »What a bumpy road! Mir ist auf dieser Reise dermaßen schlecht geworden, daß ich gar nicht mehr genau weiß, wie ich sie überstanden habe – und ich war nicht die einzige, die sich vorkam wie in einem Cocktail-Shaker. Wie viele europäische Juden waren auch meine Eltern gewohnt, kultiviert und in geordneten Verhältnissen zu leben. Nicht, daß Israel damals ein unzivilisierter Staat gewesen wäre. Aber solange die Häuser für die Emigranten noch nicht fertig waren, wurden wir eben in provisorischen Baracken untergebracht. Das waren kleine Betoncontainer, in denen es eine Kabine für mich gab – Schlafzimmer kann man das nicht nennen! Meine Eltern hatten eine kleine Küche, natürlich ohne Elektrizität. In der Anfangszeit hatten wir noch keinen Kühlschrank. Da es auch kein Gas gab, haben wir behelfsweise mit Kerosin gekocht – mit dem gleichen Mittel also, das an mir zur Bekämpfung meiner Bordläuse erprobt worden war.«

An eine komfortable Lebensführung war unter solchen Vorzeichen lange nicht zu denken. Aber was tut man nicht alles, wenn man keine andere Wahl hat. Man arrangiert sich und versucht, das Beste aus der provisorischen Situation zu machen. »Wir durften aus Polen eine Holzkiste mit ein paar Sachen mitbringen, und aus diesem Kasten hat mein Vater dann in Israel einen Schrank für mich angefertigt. Resteverwertung nennt man das wohl. Aber was soll's, ich war ganz zufrieden. Abgesehen von einer Kleinigkeit: Denn wieder befanden sich die Duschen und Toiletten draußen, und wieder waren sie für viele da. In Bet Shean war die sanitäre Situation sogar noch viel drastischer als damals in Polen. Denn das waren keine Toiletten, sondern bestenfalls Gruben, um die tausende von Fliegen kreisten. Statt ›richtigen‹ Toilettenpapiers gab es bloß zugeschnittene rauhe Papierstreifen, die nicht einmal die Konsistenz von Zeitungsblättern hatten.

Auch meine Eltern haben andauernd gemeckert, aber es nützte ja nichts, die Verhältnisse waren eben so. Wollte man duschen, kam ein großer Boiler mit sonnengewärmtem Wasser zum Einsatz. Heute ist die Solarenergie für die Grünen ja eine große Entdeckung. Zu meiner Zeit war dieses Verfahren eine Normalität, wenngleich, das muß ich zugeben, auf primitiverem Niveau. Die

Sache hatte nämlich einen nicht unerheblichen Haken: Die Wärme konnte nicht gespeichert und später nach Bedarf genutzt werden. Blieb die Sonne weg, war das Wasser kalt. So einfach war das! Aufgrund dieser Erfahrungen ist heute der schönste Raum in meiner Wohnung das Badezimmer. Ich habe ein echtes Bäder-Trauma und lege den größten Wert auf ein großes, warmes, bequemes Bad – und kein Toilettenpapier kann mir gut und teuer genug sein.«

Aus solchen Erfahrungen wächst der Stoff, aus dem die Träume sind. Und sie taugen lebenslänglich als Erklärung für verzeihliche ›Schwächen‹: Es ist die Legitimation des schönen Lebens aus dem Geist der Entbehrungen und des Verzichts. Eines Verzichts freilich, der erst in dem Moment als solcher erfahren werden kann, sobald sich eine echte Alternative zum Leben in Containern bietet. Wer nicht ahnt, was er vermissen könnte, ist mit den Gegebenheiten einverstanden und vermißt eben nichts. Mania Feilcke hat trotz der höchst provisorischen Verhältnisse, mit denen sie in Polen wie auch vor allem in Israel konfrontiert war, eine glückliche Kindheit und Jugend verlebt. Das Ausmaß der Entbehrungen wurde ihr erst in dem Moment bewußt, als sie den größten Schlamassel bereits hinter sich hatte. Von nun an galt es mit aller Macht dafür zu sorgen, daß sie dergleichen nie wieder ausgesetzt sein würde. Ihre Abneigung gegenüber allem Unsauberen, Übelriechenden und Unbequemen ist eine Abwehrreaktion auf der Basis einschlägiger Erfahrungen. Oder anders formuliert: Mania Feilckes spezifische Form des Hedonismus, vielleicht sollte man hier von ›manischem Hedonismus‹ sprechen, ist als verspätete Antwort auf Luxusentzug zu verstehen. Ihr aufwendiger Lebensstil hat eine weit weniger aufwendige Kehrseite, die bei einer differenzierten Beschreibung ihrer Persönlichkeit stets mitzubedenken ist. Frühzeitige Prägungen hat Mania durch eigenen Willen in ihr Gegenteil verkehrt. Diese Umkehrung belegt aber auch, wie präsent für sie die Vergangenheit bis heute geblieben sein muß. Sie dient als eine Art negativer Bezugsrahmen, der die Gegenwart überschattet, ihr aber auch eine Tiefenstruktur verleiht, die ein selbstgenügsames Leben im Luxus kaum für sich reklamieren dürfte.

Nach einer gewissen Eingewöhnungszeit begann sich für Familie Keller aber auch das ungewohnte, zum Teil entbehrungsreiche Leben in der Wahlheimat Bet Shean zu normalisieren. »Meine Eltern mußten beide arbeiten gehen. Allerdings handelte es sich nicht die Art von Arbeit, die sie aus Polen gewohnt waren. Mein Vater war ja von Hause aus Architekt, und diesen Beruf konnte er in Israel nicht so ohne weiteres wieder ergreifen. Daß man ihn nach und nach bei verschiedenen Bauprojekten in der Stadt mitwirken ließ, war schon eine große Ehre für meinen Vater. Meine Mutter hat vier Stunden am Tag in der großen Arztpraxis von Bet Shean mitgeholfen, weil sie als europäische Jüdin lesen und schreiben konnte. Für sie war diese Art von Arbeit eigentlich nicht standesgemäß und sie empfand sie auch als demütigend. Doch ›in der Not‹, hat sie gesagt, ›ist keine Arbeit eine Schande‹ – eine Überzeugung, die viel über den Charakter meiner Mutter aussagt.«

Auch Mania, die während der Abwesenheit ihrer Eltern das Haus zu hüten hatte, wurde in die täglich anfallenden Hausarbeiten miteinbezogen. So wurde sie beispielsweise mit kleineren Besorgungen beauftragt, die nicht allzu weit von zuhause wegführten und dennoch eine stärker werdende Berührung mit dem öffentlichen Leben in den Straßen von Bet Shean mit sich brachten. »Als Währung hatte man damals Piaster, und diese pfenniggroßen Münzen wurden mir vor meinen Einkäufen in einem Handtuch überreicht. Immer kam damals irgendwo ein Esel vorbei, der irgendwelche Waren transportierte, die dann auf der Straße zum Verkauf angeboten wurden. Einer dieser fliegenden Händler, wie sie im Orient ja heute noch das Marktgeschehen bestimmen, hatte seinen Esel mit großen und schweren Eisstücken beladen. Bei dem mußte ich regelmäßig einkaufen, damit wir unseren neuen Kühlschrank, das Prunkstück unserer ansonsten eher armseligen Containerküche, bestücken konnten. Diese Einkäufe sind mir sehr gut in Erinnerung geblieben, denn ich gewann dabei nach und nach tiefere Einblicke in unsere nähere Umgebung. Außerdem hatte ich einige Mühe, die großen Eisstücke bis zu uns nach Hause zu schleppen. So etwas merkt man sich dann eben.«

Bet Shean in den späten fünfziger Jahren darf man sich nicht als Stadt im eigentlichen Sinne vorstellen. »Das Kaff war damals noch relativ klein und überschaubar, erst nach meiner Zeit sind einige moderne Gebäude hinzugekommen. Auf den Straßen fuhren weniger Autos als Vespas und Fahrräder. Eine Zugverbindung hierher gab es gar nicht. Und auch öffentliche Einrichtungen, die normalerweise ein urbanes Gemeinwesen auszeichnen, waren in Bet Shean nur spärlich zu finden. Es gab eine Art Zentrum, wo sich ein riesiger Supermarkt befand, der aber häufig wie ausgestorben war. Das öffentliche Leben spielte sich meiner Erinnerung nach eher in den kleineren Läden dieser Arbeitersiedlung ab. Außerdem gab es im Zentrum des Ortes eine Bank, wo sich die arbeitende Bevölkerung ihr Gehalt abholte, einen Markt, wo wir immer unser koscheres Fleisch einkauften, und die große Gemeinschaftspraxis verschiedener Ärzte, in der meine Mutter gearbeitet hat. Anstelle von öffentlichen Grünflächen, die in heißen Regionen wie dieser nur geringe Überlebenschancen hätten, pflegten die Bewohner unter großem Aufwand ihre kleinen Vorgärtchen. Im Ort selbst standen lediglich Palmen und Dattelbäume.«

Es gibt im Jiddischen ein Wort für Orte wie diese: Bet Shean war ein Schtetl. So nannten sich jüdische Kleinstadtgemeinden in Osteuropa, in denen Juden seit dem ausgehenden Mittelalter mehr oder weniger isoliert von ihrer nichtjüdischen Umwelt unter autonomer Selbstverwaltung und gemäß ihrer eigenen Religion und Tradition lebten. Das in der Regel streng religiöse Leben der Schtetl-Bewohner kreiste um die Synagoge, die Betstube, das Haus und den Markt. »Das Universum des Schtetls«, betonen Elisabeth Herzog und Mark Zborowski in ihrem 1952 erschienenen Standardwerk »Das Schtetl«, »ist ein ungebrochenes Kontinuum. [...] Die osteuropäischen Juden hatten eine lebendige Kultur, die im wesentlichen aus einem Stück war, ob sie nun in Polen, Ungarn oder Rußland ihre Steuern zahlten.« Zwar hatte man sich im Containerlager von Bet Shean, anders als etwa im Rußland der Zarenzeit, nicht mit einer antisemitisch eingestellten Umgebung oder restriktiven Behörden auseinanderzusetzen, dafür prägte hier ein Vielvölkergemisch die Szene, was einem reibungslosen Zusammenleben auch nicht gerade zuträglich war. Zudem gab es in diesem wüsten und trockenen Landstrich kaum Schutz vor herumstreunenden Tieren. »Nachts waren neben unserem Container Schakale zu hören, vor denen ich große Angst hatte. Zudem gab es Schlangen und Skorpione. Meine Mutter wurde einmal von einem Skorpion gebissen. Auch wenn das keine schlimmeren Folgen hatte, so war ich doch nachhaltig beunruhigt.

Man sagt immer, New York sei ein ›Melting Pot‹. Im Vergleich zu Bet Shean in der damaligen Zeit ist das überhaupt nichts! Wir hatten Nachbarn aus den verschiedensten Ländern Europas. Außerdem gab es noch marokkanische, tunesische, indische und libysche Emigranten. Das alles war für meine Eltern natürlich ein Kulturschock. Man muß sich das nur einmal vorstellen: Da kommt man aus Mitteleuropa, wo man mindestens daran gewöhnt war, mit Elektrizität zu kochen. Die sephardischen Juden aus Spanien, Afrika und Arabien hingegen, die in Bet Shean in der Überzahl waren, haben ihr Brot auf dem nackten Erdboden gebacken. Und beide Gruppen wohnten in Bet Shean unmittelbar nebeneinander. Völlig unterschiedliche kulturelle und auch religiöse Prägungen stießen hier zusammen. Die Sephardim sind in der Ausübung ihrer Religion ja deutlich strenger als die aus Europa stammenden Aschkenasim. Hier mußten beide Seiten, ob sie wollten oder nicht, miteinander auskommen.«

Der Rabbiner Andreas Nachama hat in seiner kleinen Studie über hebräische Sprachelemente im deutschen Wortschatz auf die grundsätzliche Unterscheidung hingewiesen, die zwischen Sephardim und Aschkenasim besteht. »Als Aschkenasim werden die Juden Mittel- und Westeuropas sowie die von ihnen abstammenden Juden in Amerika und Israel bezeichnet. Aschkenas heißt auf hebräisch Deutschland. Sie werden unterschieden von sephardischen Juden: Sefarad heißt auf hebräisch Spanien. Gemeinsam ist Sepharden und Aschkenasim ihre Herkunftsbestimmung innerhalb der jüdischen Lebenswelten nach Ländern, aus denen sie im Mittelalter verbannt (Spanien) oder zu einem großen Teil vertrieben wurden (Deutschland).«

Mania Feilcke, die auch nach ihrer Kindheit und Jugend immer wieder Israel bereist hat, vertritt den Standpunkt, daß noch heute ein »kultureller Krieg« zwischen den aschkenasischen und den sephardischen Juden besteht. »Es ist eine Mischung, die es in dieser Form immer gegeben hat. Beide unterschieden sich in ihrer Mentalität und ihren Ritualen grundsätzlich voneinander. Und ich kann aus eigener Anschauung hinzufügen, daß sich die Aschkenasim nicht selten überheblich gegenüber den ›primitiveren‹ Sephardim verhalten haben. Die haben einfach geglaubt – und glauben es immer noch! -, sie seien mit ihrer europäisch geprägten Bildung und ihren guten Manieren etwas Besseres. Dabei ist das alles eine Frage der Perspektive, die aber deutlich macht, wie schwierig das Zusammenleben unter solchen Vorzeichen sein kann. Vielleicht sollte ich sagen: Man macht es sich schwerer, als es eigentlich sein müßte!«

Manias Berührungsängste gegenüber fremden Kulturkreisen waren in Bet Shean jedenfalls deutlich weniger ausgeprägt als dies etwa bei ihren Eltern der Fall war. »Während meine Mutter ihre ›gefillten Fische‹ für den Schabbat zubereitete, haben die marokkanischen Juden Kuskus gemacht – ein nordafrikanisches Gericht aus Weizen-, Hirse- oder Gerstengrieß, Hammelfleisch, verschiedenen Gemüsen und Kichererbsen. Sehr lecker! Damals habe ich bei unseren Nachbarn meine Liebe für dieses Gericht entdeckt, die übrigens bis heute anhält. Ich aß das marokkanische Essen beinahe lieber, als das meiner Mutter. Und auch sonst hat mir der beständige Kontakt zu meinem – im besten Sinne multikulturellen – Umfeld glaube ich ganz gut getan. Es war ja so: Zur damaligen Zeit waren die Lebensverhältnisse primitiv, einfacher konnte es nicht gehen. Aber trotzdem waren die Leute glücklich, hier zu sein. Man war im Land seiner Wahl angekommen und ging mit viel Enthusiasmus auf je unterschiedliche Weise seinen kulturellen und religiösen Gewohnheiten nach. So anstrengend es bisweilen gewesen sein mag, so inspirierend war es doch auch, an diesem allgemeinen Klima des Neuanfangs und der Hoffnung auf ein besseres Leben in Israel teilzuhaben.«

Nach einer ersten Orientierungsphase rief für Mania auch unter den neuen Gegebenheiten die Schulpflicht. Sie wurde in eine Religionsschule eingewiesen, die Gil Boa hieß und zu Fuß etwa zwanzig Minuten von der Unterkunft ihrer Eltern entfernt lag. »Daß ich wieder in die Schule mußte, hat mir überhaupt nicht gepaßt, und zwar vor allem deshalb, weil ich so ein blödes Tuch tragen mußte. Viele religiös erzogene Kinder gingen in diese Schule, und für die Mädchen war es eben üblich, eine Kopfbedeckung zu tragen – ähnlich wie man es in Deutschland auch von den Türkinnen kennt. Aus Polen war ich an eine fesche Uniform gewöhnt, hier hatte ich mich umzustellen und den Gegebenheiten anzupassen. Dafür war mein Lehrer jung und sah sehr gut aus. Sein Name war Moshe – und von dem war ich begeistert! Er war sehr netter Marokkaner – ein hochgewachsener, schlanker junger Mann, der mit seinen vollen dunklen Haaren und schönen Gesichtszügen nicht nur auf mich Eindruck machte.«

Was Moshe seiner aufmerksamen Schülerin zu vermitteln hatte, waren zunächst einmal die Grundkenntnisse der hebräischen Sprache (Iwrit), die in Israel die Amtssprache darstellt. Das hatte Mania dann bald auch ihren Eltern voraus, die sich zuhause noch immer ausschließlich auf polnisch und auf jiddisch unterhielten. »Eine neue Sprache konnten sie so schnell nicht erlernen. Bis zu ihrem Tod sprachen beide lediglich ein gebrochenes Hebräisch. Im Grunde wollten sie wohl auch in keiner anderen Sprache mehr heimisch werden. Ihre Sprache war eben die jiddische. Sie hatten das Konzentrationslager überlebt, ihr Leben nach der Ausreise aus Polen komplett umstellen müssen. Und jetzt auch noch ein neues Idiom – das war einfach zuviel für sie. Meine Eltern hatten in Israel genug mit sich selbst zu tun: Sie mußten sich in einem für sie fremden Kulturkreis einleben, sich an die ärmlichen Verhältnisse gewöhnen und ihr Kind durchbringen. All das genügte ihnen vollauf. Deswegen blieb für meine Eltern das Hebräische im Grunde eine Fremdsprache. Das bedeutete aber auch, daß ich zuhause keine Nachhilfe bekommen konnte. Ich erledigte meine Hausaufgaben alleine, und zwar immer tagsüber, denn abends hatten wir nur ein diffuses Kerzenlicht zur Verfügung. Das war zwar ganz romantisch, aber auf die Dauer schlecht für die Augen. Also mußte ich spätestens bis Sonnenuntergang fertig sein, ob mir das nun gefiel oder nicht. Immerhin habe ich aus dieser Zeit eine bis heute anhaltende Liebe für Kerzen bewahrt. Wenn ich es mir aussuchen kann, ziehe ich noch immer den Kerzenschein der elektrischen Beleuchtung vor.«

Da Manias Eltern nach wie vor den Tatendrang ihrer heranwachsenden Tochter einer tief verwurzelten Sorge um deren Sicherheit unterordneten, war ihr nachmittäglicher Aktionsradius auch in Israel erheblich eingeschränkt. An einen regelmäßigen Austausch unter Gleichaltrigen oder Mitschülern war nicht zu denken. Ein Umstand, der in zunehmendem Maße zu einem Problem für die inzwischen zwölfjährige Mania wurde. »Man muß sagen, daß ich mich zu dieser Zeit in intelektueller Hinsicht nicht besonders gut entwickeln konnte. Mir fehlten ganz einfach die produktiven Reibungsmöglichkeiten, an denen sich mein Geist hätte schulen können. Auch am politischen und kulturellen Geschehen des Landes hatte ich als Teenager nur einen sporadischen Anteil. Das hing unter anderem damit zusammen, daß wir in der Anfangszeit weder ein Radio noch gar einen Fernseher besaßen. Später bekamen wir dann zumindest ein Transistorradio, das ich aber nur begrenzt nutzen durfte. Mein Vater sagte immer: ›Wenn du zu viel hörst, sind die Batterien zu schnell alle, und das wird zu teuer!‹.«

Ein schöner Lehrer allein schützt nicht vor Langeweile. Obwohl Moshe gut aussah, wollte sich bei Mania in der Schule keine rechte Freude einstellen. Die Stunden vergingen quälend langsam, bis sich nach ungefähr sechs Monaten eine Wende in ihrem ereignisarmen Leben abzuzeichnen schien. »Eines Tages kamen Leute zu uns in die Schule, die junge Menschen für Kibbuzim rekrutierten.« Diese Organisation existiert bis heute. Sie heißt ›Kinder- und Jugend-Alijah‹ und wurde 1933 von Recha Freier, der Frau eines Rabbiners, in der Meinekestraße in Berlin-Charlottenburg ins Leben gerufen, um Kinder vor der Verfolgung durch das Naziregime zu retten. Das hebräische Wort »Alijah« bedeutet »Aufstieg« oder »Einwanderung«. Was als Maßnahme zur Selbsterhaltung des Judentums begann, weitete sich bald zu einem international agierenden Hilfswerk aus. Bis Ende des Zweiten Weltkriegs konnten etwa 16.000 Jungen und Mädchen in das damalige Palästina gebracht werden und entgingen so dem sicheren Tod. Seit der Gründung des Staates Israel fanden rund 300.000 Heranwachsende aus mehr als siebzig Ländern hier eine Schul- bzw. Berufsausbildung und eine neue Heimat.

»Die Alijah ist weltweit in Komitees organisiert und finanziert sich, was ich besonders beachtlich finde, ausschließlich durch Spenden. Ihre Mitarbeiter stellten uns Schülern die Frage, ob wir nicht Lust hätten, in einen Kibbuz mitzugehen. Ich war zwar damals noch nicht volljährig, aber ich war die einzige aus unserer Schule, die sich meldete. ›Warum nicht?‹, sagte ich mir. ›Besser als hier ist es überall!‹ Das Problem war nur, daß meine Eltern ihre Zustimmung geben mußten. Und mich in einen Kibbuz zu verfrachten, war so ziemlich das letzte, was sie wollten. Ich fragte mich also mit meinen zwölf oder dreizehn Jahren, wie ich das hinbekommen sollte, wie ich das Leben in Bet Shean, das ich als einengend empfand, hinter mir lassen könnte, um im Kibbuz ein Leben in Freiheit zu führen – mit vielen Kindern in einem Zimmer, so stellte ich mir das damals vor. Zuhause habe ich erst einmal nichts von meinen Plänen erzählt, aber auf Dauer konnte ich meine Eltern ja schlecht übergehen.

Als schließlich die Anmeldeformulare mit der Post zu uns nach Hause kamen, lagen die Karten auf dem Tisch. Die Reaktion meines Vaters fiel erwartungsgemäß aus: ›Nur über meine Leiche!‹, hat er gesagt. Dort seien Mädchen und Jungs zusammen, so etwas komme für seine Tochter überhaupt nicht in Frage. Kurzum: Seine Position war so eindeutig wie meine Lage mies. Mir war klar, daß ich mir etwas würde ausdenken müssen, um in einer so prekären Frage meinen Willen durchzusetzen. Und ausgerechnet in dieser Situation kam mir ein Umstand entgegen, der meine Eltern eigentlich in ihrer ablehnenden Haltung hätte bestärken müssen. Ich litt seinerzeit an einer starken Migräne. Das Krankheitsbild war nicht wirklich ernst, reichte aber aus, um einen sanften und kontinuierlichen Druck auf meine Eltern auszuüben. Ich habe sie so lange bearbeitet, bis sie schließlich nachgaben und mich ziehen ließen. Letztenendes stand für meine Mutter das Wohl ihres Kindes an erster Stelle, auch wenn ihr die Trennung nicht leicht fiel.«

Das erste Mal in ihrem Leben war Mania nun für längere Zeit von ihrem Elternhaus getrennt. Endlich! Ein Einschnitt, der ihrem Drang nach Entfaltung ihrer Persönlichkeit sehr entgegenkam. »In meinem Kibbuz Maagan herrschte eine wirklich multikulturelle Situation, die mir aber weit weniger spannungsgeladen erschien als das Völkergemisch in Bet Shean. Alle waren begeistert, hier zu sein, denn zur damaligen Zeit waren wir sehr patriotisch und pro-zionistisch eingestellt. Wir alle wollten mithelfen, den jungen Staat Israel aufzubauen. Als Einzelkind war ich daran gewöhnt, allein zu sein. Hier teilte ich mir ein Zimmer mit drei anderen Mädchen in meinem Alter. Rahel kam ursprünglich aus Indien, Rivka aus Rumänien und Georgette aus Marokko. Zwar ließen auch hier die gemeinschaftlich zu nutzenden sanitären Einrichtungen zu wünschen übrig, doch machte es uns hier einfach weniger aus, weil der Gedanke des Kollektivs im Vordergrund stand. In Bet Shean war ich der Mittelpunkt der ungeteilten Aufmerksamkeit meiner Eltern, hier im Kibbuz war ich eine unter vielen – und alle wurden gleich behandelt. Ich durfte überall mitmachen, was mir zuvor ja untersagt gewesen war. Es war wirklich wie ein Stück Freiheit, die ich in dieser Form bis dahin nicht gekannt hatte.

Bei all diesen Vergleichen zwischen Elternhaus und Kibbuz muß man allerdings bedenken, daß meine Eltern mich erst in relativ hohem Alter bekommen haben. Schon allein dadurch, daß sie sich als Überlebende definierten, waren sie in gewisser Hinsicht alt. Alles erschien ihnen im Lichte der Trauer und der Wehmut. Nach ihren schrecklichen Erfahrungen kam für ihr gesamtes weiteres Leben keine andere Haltung in Betracht, als eben die der Trauer und der Bescheidenheit. Das reichte bis hin zu ihrer Kleidung und ihrem Habitus. Sie waren nicht geizig, lebten aber spartanisch. Und in diesem Sinne wurde ich auch erzogen. Was sie hatten, das wollten sie behalten und schützen – mich eingeschlossen. Beide haben oft geweint. Ein solches Klima der Betrübtheit färbt auf ein Kind natürlich ab. Ich selbst war meinem Naturell nach alles andere als traurig oder bescheiden und empfand diese ständige Niedergeschlagenheit als sehr beklemmend. Deswegen bedeutete das Leben im Kibbuz für mich einen Gewinn an Lebensfreude. Im Grunde setzte sich die spartanische Erziehung, die mir meine Eltern angedeihen ließen, in den sozialistischen, an das Gemeinschaftsgefühl appellierenden Unterrichtsmethoden im Kibbuz fort – nur eben unter anderen Vorzeichen und mit ungleich größerer innerer Anteilnahme der Zöglinge. Die Identifikationsbereitschaft war deutlich höher als zuhause.

Meine Eltern habe ich einmal wöchentlich an den Wochenenden besucht, aber nicht immer. Ich war ganz froh, daß jetzt eine gewisse räumliche Distanz zwischen uns lag. Die Entfernung zwischen Bet Shean und meiner neuen ›Heimat‹ betrug etwa zwei Stunden, was eigentlich nicht sehr viel war. Ich mußte aber meistens, wenn ich meine Eltern besuchte, noch ein Stückchen zu Fuß gehen, weil ich damals fast immer getrampt bin und man dabei natürlich nicht wie mit dem Taxi vor der Haustür abgesetzt wird.

Eines Tages habe ich mir überlegt, wie ich meinen Eltern eine Freude machen könnte. Ich wollte ihnen irgendetwas aus dem Kibbuz mitbringen und habe mich schließlich für ein lebendiges Huhn entschieden, das meine Mutter am Schabbat zubereiten sollte. Sie bestand stets darauf, daß die Hühner von ihrem Schlachter in Bet Shean koscher geschlachtet wurden. Also dachte ich: Bevor ich ein großes Theater mit meiner Mutter anfange, bringe ich das Huhn eben lebendig mit nach Hause. Die Sache verlief natürlich komplizierter als ich es mir vorgestellt hatte, denn ich habe mich gegen den Bus und für das Trampen entschieden. Ich sehe noch die ratlosen Gesichter der Autofahrer vor mir, die mit ihren Wagen an mir vorbeigefahren sind und sich dabei wahrscheinlich gefragt haben, ob sie die Kleine mit dem Huhn mitnehmen sollten oder lieber nicht. Bei uns in Israel wird noch heute viel getrampt, das ist eigentlich keine große Sache, sofern man nicht so aussieht, als würde man Probleme machen. Mein Huhn war ein Problem und deswegen hat's diesmal etwas länger gedauert. Letztenendes bin ich aber gut angekommen. Meine Mutter war außer sich vor Freude. Da allerdings Schabbat war, konnte das Huhn nicht mehr koscher geschlachtet werden, und so lebte es noch zwei Tage auf unserem Balkon weiter.«

Manias Kibbuz Maagan, in dem übrigens 1945 der spätere Chef des israelischen Geheimdienstes Mossad, Ami Ayalon, geboren wurde, lag zweihundert Meter unter dem Meeresspiegel am Ostufer des Sees Genezareth, dessen hebräischer Name »Yam Kinneret« soviel wie »Harfe« oder »Leier« bedeutet und auf die ungewöhnliche Form des Sees anspielt. »Jetzt war ich also dort, wo einst Jesus predigte und die Weisen den Talmud studierten. Meine Patenfamilie im Kibbuz hat mich sehr geprägt. Die Frau war die Krankenschwester des Kibbuz. Auf diese Weise habe ich meine Affinität zur Medizin entdeckt – so hat das alles angefangen. Auch ich wurde später Krankenschwester, weil ich diesen Bereich sehr spannend fand und außerdem die Nase voll hatte von der monotonen Erntearbeit im Kibbuz. Immer bei den Orangen und Bananen – das wollte ich nicht. Deswegen habe ich mich, inspiriert vom Vorbild meiner Hausmutter, gemeldet und gesagt, daß ich auf der Krankenstation mithelfen wollte. Das war schon eine etwas gehobenere Arbeit – übrigens auch wesentlich weniger anstrengend, als stundenlang bei sengender Hitze Orangen oder Bananen zu ernten. Die Ernteeinsätze begannen wegen der hohen Temperaturen am Tag immer sehr früh, anschließend gab's ein zweites Frühstück und dann wurde für den Rest des Tages die Schulbank gedrückt. Ich hatte mich durchgesetzt. Und dieses Beispiel hat mir wieder einmal vor Augen geführt, daß man einfach sagen muß, wie man selbst sich die Dinge vorstellt. In den meisten Fällen klappt das dann auch!«

Der Entscheidung zugunsten einer medizinischen Laufbahn folgte eine professionelle Ausbildung auf einer Nursing School. »Man muß sagen, daß die Krankenschwestern in Israel ein besseres Image haben als etwa in Deutschland. Der Beruf ist bei uns sehr hoch angesehen, weil man eine richtige medizinische Ausbildung durchlaufen muß. Es kann sein, daß diese hohe Wertigkeit damit zusammenhängt, daß sich der Staat Israel seit seiner Gründung andauernd im Kriegszustand befindet und die Krankenschwestern für die Soldaten ganz wichtige Bezugspersonen sind. Nicht nur im Hinblick auf ihre medizinische Betreuung, sondern auch als

Ansprechpartner für Sorgen und Ängste aller Art. Diese Aufgabe hat mich immer gereizt.

Für meine Eltern, die meine Berufswahl durchaus begrüßten, bestand das Problem zu diesem Zeitpunkt darin, daß ich mich langsam dem Alter näherte, in dem man in Israel zur Armee eingezogen wird. Das betrifft bei uns ja sowohl die Männer als auch die Frauen. Schon die Sache mit dem Kibbuz war ein großer Schock für sie. Mein bevorstehender Eintritt in die israelische Armee jedoch war für sie schlichtweg zuviel des Guten. Wieder hing ihre ablehnende Haltung vor allem mit der Angst zusammen, daß mir etwas passieren könnte. Sie lebten ja in der beständigen Sorge, mich ebenso zu verlieren, wie sie bereits meine Geschwister verloren hatten.«

Daß eine solch übertrieben wirkende Fürsorge nicht ohne Reibungsverluste auf Seiten der Eltern wie auch des Kindes bleiben kann, scheint auf der Hand zu liegen. Mania Feilcke berichtet von einer Begebenheit, in der ihre sprichwörtliche Chuzpe in einer Auseinandersetzung mit ihrer Mutter in Arroganz umgeschlagen und verletzend geworden ist: »Meine Mutter hat mich in dieser Zeit der Entscheidung für oder gegen den Armeedienst im Kibbuz besucht und mir gesagt: ›Wenn du wirklich zur Armee gehst, bringe ich mich um. Dann werfe ich mich vor einen Bus!‹. Meine Antwort war schlimm, es ist beschämend für mich, darüber zu sprechen. Trotzdem erzähle ich es, weil es mir im nachhinein natürlich leid getan hat. Ich habe vollkommen übertrieben reagiert. Als meine Mutter mich besuchte, war es sehr heiß, mitten im Sommer, und der Busverkehr unregelmäßig. Ich war so wütend auf meine Mutter, daß ich gesagt habe: ›Komm, wir müssen nicht hier draußen stehenbleiben, laß' uns reingehen, ich gebe dir Bescheid, sobald der nächste Bus kommt!‹ Das war natürlich furchtbar. Ich konnte damals aber einfach nicht verstehen, weshalb wir überhaupt nach Israel gegangen waren, wenn wir nichts für unser Land tun wollten. Ich will ich das Land verteidigen und meine Mutter sagt: ›Ich schmeiß‹ mich vor den Bus!‹ Diese Einstellung fand ich damals einfach empörend. Meine Mutter hat nur geantwortet: ›Jetzt nehme ich den Bus, fahre nach Hause und erzähle deinem Vater, wie unverschämt du gewesen bist. Und dann brauchst dich lange nicht mehr bei uns blicken zu lassen.‹«

Natürlich hat sich Mania zum Armeedienst gemeldet. Und auch ihre Eltern hatten sich schon bald mit der Situation abgefunden. »Mein Vater hat zu meiner Mutter gesagt: ›Mach dir keine Sorgen, die ist so dünn und untergewichtig, daß sie sich schon Steine in ihre Taschen stopfen muß, um überhaupt genommen zu werden.‹ Ein frommer Wunsch! An meinem Gewicht ist die Sache jedenfalls nicht gescheitert. Ich wollte im übrigen auch nicht einfach zur Armee, sondern ich wollte am liebsten zum Mossad, dem berüchtigten, 1951 gegründeten Geheimdienst unseres Landes, der, etwa im Vergleich zur CIA, über eine äußerst schlanke Organisationsstruktur verfügt. Aber durch meine Klaustrophobie, gepaart mit meiner notorischen Vielquatscherei, wurde daraus nichts. Ich betone ausdrücklich, das es nicht mein Intelligenzquotient war, der mir die Sache vermasselt hat! Vielleicht haben die bei der Aufnahmeprüfung durchschaut, daß ich versucht habe, meine weiblichen Reize einzusetzen. Na ja, in diesem Fall hat's nicht allzu viel genutzt. Ich habe es in der Armee dann aber trotzdem bis zum Leutnant gebracht. Und da war dann mein Vater wieder stolz auf mich, auch wenn es lange gedauert hat, bis er soweit war.«

Mania Feilcke hat zwischen 1967 und 1969 während ihrer achtzehnmonatigen Armeezeit unter anderem unter Moshe Dayan und Yitzak Rabin gedient – »alle Politiker bei uns waren früher hohe militärische Befehlshaber« – und in dieser Zeit auch am dritten Israelisch-Arabischen Krieg teilgenommen. Dieser sogenannte Sechstagekrieg dauerte vom 5. bis zum 11. Juni 1967 und war eine präventive militärische Maßnahme der Israelis, die als Antwort auf ägyptische, syrische, saudiarabische und jordanische Truppenmobilisierungen, auf Aktionen der palästinensischen Befreiungsbewegungen, auf die von den Ägyptern erzwungene Räumung des Gazastreifens von UN-Sicherheitstruppen sowie auf die Sperrung des Golfs von Akaba gedacht war. Israel eroberte nach der Vernichtung der ägyptischen Luftwaffe während dieses kurzen und heftigen Konflikts den Gazastreifen, die Sinaihalbinsel, die Golanhöhen und Westjordanien bis zum Jordan.

»Wir hatten bestimmte Vorschriften in Bezug auf die Länge unserer Uniformen. Da ich aber jung war und eigentlich schon immer schöne Beine hatte, habe ich den Uniformrock ein bißchen gekürzt. Nur etwa einen Zentimeter, nicht mehr. Damals war die Zeit des Minirocks. Krieg hin oder her, schöne Beine sind immer gut!, dachte ich bei mir. Natürlich wurde ich erwischt. Aber das eigentlich Dramatische war weniger meine Rüge durch die Armee, sondern vor allem die Reaktion meiner Eltern. Bet Shean war, wie erwähnt, überwiegend von orthodoxen Juden besiedelt. Mein Vater, der zuerst so stolz auf mich gewesen war, hat mir kurz und knapp zu verstehen gegeben, daß ich mich in meiner Uniform bloß nicht in Bet Shean blicken lassen solle. Das sei ja wohl alles viel zu kurz! Ein Mädchen hatte seiner Vorstellung nach nicht zu trinken, keine langen roten Fingernägel oder kurze Röcke zu tragen und nicht zu rauchen. Was soll ich sagen? Der Rock mußte ohnehin wieder auf seine ›normale‹ Länge gebracht werden, meine Fingernägel sind so geblieben wie sie waren, ab und zu trinke ich ganz gern einen guten Champagner, aber das Rauchen habe ich daraufhin wirklich gelassen. Da habe ich ausnahmsweise mal auf meinen Vater gehört.«

Ein Krieg setzt sich aus großen, übergeordneten Strategien ebenso wie aus kleinen, unscheinbaren, deswegen aber nicht minder beredten Geschichten zusammen. Während des Sechstagekriegs hat Mania in einem Krankenhaus in Afula ihren Dienst verrichtet. »Dort habe ich natürlich eine enge Bindung zu Israel und auch zur Medizin entwickeln können. Wir haben dort viele verwundete Soldaten absorbiert, die alle viel zu erzählen hatten.« Die Geschichten, die Mania Feilcke über den Sechstagekrieg erzählt, sind überwiegend traurig und schmerzhaft, da sie alle mit mehr oder weniger bewegenden Einzelschicksalen zu tun haben. Sie handeln von verwundeten Soldaten, die ihre Hoffnungen auf einen bürgerlichen Beruf aufgeben mußten, oder von Frauen, die nicht länger auf ihre Freunde an der Front warten wollten.

»Wir haben in der Regel tagsüber gearbeitet, zum Teil aber auch nachts, außerhalb des Dienstplans, die verwundeten Soldaten mit Süßigkeiten und Ähnlichem versorgt. Früher oder später entsteht zwischen den Krankenschwestern und den Verwundeten einfach eine Art Bindung, die mit der besonderen Situation zusammenhängt. Es gibt ein berühmtes israelisches Lied, das diese seltsame Beziehung sehr schön zum Ausdruck bringt – und es gab viele Lieder über Soldaten und Krankenschwestern zu meiner Zeit. Ich kann es hier nur sinngemäß aus dem Gedächtnis wiedergeben. Das Lied heißt »Er kannte nicht einmal ihren Namen« und handelt von einem Soldaten, der sich mit seiner Truppe auf dem Weg nach

Beer Sheva befindet – das ist die größte und wohl auch bekannteste Stadt nach Jerusalem und Tel Aviv, mitten in der Wüste Negev gelegen. Bundespräsident Johannes Rau ist Ehrenprofessor an der dortigen Hochschule.

Nun gut, unser Soldat marschiert also in Richtung Beer Sheva, als er an einer Raststelle eine Krankenschwester im weißen Kittel wahrnimmt, die ihm ausnehmend gut gefällt. Sie schäkern. Nur leider vergißt er in der Aufregung, sie nach ihrem Namen zu fragen. In seinen Gedanken aber hat ihr Bild ihn auf seinem gesamten weiteren Weg begleitet. Er war sicher, der Tag würde kommen, an dem sie sich wiedersehen sollten. Und tatsächlich – als der Soldat, nunmehr verwundet, Beer Sheva erreicht, steht sie in ihrem weißen Kittel vor ihm und lächelt ihn an. Süß, nicht? Soldaten denken doch immer an ihre zurückgelassenen Mädchen. Und unser wackerer Soldat wollte eben das Gesicht wiedersehen, das einen so tiefen Eindruck auf ihn gemacht hatte.

Unter unseren Patienten befanden sich auch verwundete Gefangene. So hatten wir einen hochrangigen ägyptischen Offizier auf unserer Station, der schwer verletzt worden war. Er benötigte Plasma und Transfusionen, die er aber verweigerte, weil er kein jüdisches Blut in seinen Adern haben wollte. Nach einer Weile wurde sein Zustand bedenklich. Da habe ich ihn gefragt, ob er Familie habe, was er bejahte. ›Und willst du sie noch einmal sehen?‹ Schweigen. Dann hat er es gemacht.«

Während des Kriegs und ihrer Zeit bei der israelischen Armee hat Mania Feilcke nicht nur zahlreiche Soldaten mit noch zahlreicheren Geschichten kennengelernt, sondern auch bekannte Persönlichkeiten. Wenn schon ein berühmter Leinwandheld wie der amerikanische Komiker Danny Kay nach Israel kam, um die Soldaten zu unterhalten und zu ermutigen, dann wollte Mania auch mit ihm reden. Oder der Hollywood-Star Paul Newman, den sie später in New York wiedergetroffen hat. »Zunächst war ich nicht sicher, ob er es wirklich war. Die Freundin, mit der ich damals in New York unterwegs gewesen bin, hat mir abgeraten, ihn anzusprechen. ›Wenn ein Mann so gut aussieht wie der da‹, habe ich ihr geantwortet, ›dann spreche ich ihn auf jeden Fall an, egal, ob es Paul Newman ist oder nicht!‹ Es war übrigens Paul Newman. Er hatte diesen kleinen Dialog mitangehört und schien irgendwie beeindruckt. Wir haben uns ein Weilchen unterhalten – unter anderem auch über Israel. Ich glaube, er konnte sich nicht an mich erinnern.

Meine Devise lautet: Mit Klugheit und Chuzpe kommt man immer weiter! Und wenn eine Frau außerdem noch jung und schön ist, wird natürlich vieles einfacher. Aber ich war auch ehrgeizig! Ich habe es mir zum Beispiel nicht nehmen lassen, den Mann persönlich kennenzulernen, der mein Oberbefehlshaber in der Armee war: Moshe Dayan, den Mann mit der Augenklappe. Er war zwar um einiges älter als ich, aber den hätte ich vielen Jüngeren vorgezogen! Er hatte Charisma und eine natürliche Autorität. Ich begegnete ihm, als er unsere verwundeten Soldaten besuchte und habe ihn ein bißchen herumgeführt. Mir fiel auf, daß er uns Krankenschwestern intensiv beobachtete. Einige Zeit später habe ich ihn dann zufällig in einem Fischrestaurant in Jaffa wiedergesehen und angesprochen. Er hatte unseren kleinen Rundgang nicht vergessen und sich zwischen Hauptgericht und Dessert angeregt mit mir unterhalten.«

Warum sein Licht unter den Scheffel stellen, wenn man ebensogut seinen Bekanntenkreis sinnvoll erweitern kann? Kein Bammel vor großen Tieren – so in etwa ließe sich Manias Theorie des sozialen Verhaltens in groben Strichen zusammenfassen. Frechheit siegt, solange sie intelligent und charmant daherkommt. »Ich hatte eine gute Beziehung zu Christiane Herzog, der im Jahr 2000 verstorbenen Gattin des ehemaligen Bundespräsidenten, die ich sehr bewundert habe. Bei einer Veranstaltung unterhielten wir uns über diese spezifische Form der Frechheit. Dazu passe, habe ich angemerkt, die anmaßende Redensart, alle Juden seien klug geboren. Als Frau Herzog mich fragte, was aus den Dummen werde, habe ich geantwortet: ›Die lassen wir taufen!‹ Trotz dieser Unverschämtheit mußte die Pfarrerstochter schallend lachen. Es gibt natürlich auch bescheidene Israeliten, aber Bescheidenheit ist nun einmal nicht meine Stärke! Diese Haltung hat mich im Leben weit gebracht. Ich habe, denke ich, viel damit erreicht. Von einem Kibbuz in den Berliner Diplomatenclub kommt man nur mit Ehrgeiz, Intelligenz und Chuzpe. Sonst geht das gar nicht!«

Die hier aufgezählten Charaktereigenschaften kennzeichnen nach Manias Überzeugung viele israelische Frauen. »Ich bin keine ›Sabrah‹, also keine gebürtige Israelin. Aber ich habe in all den Jahren in Israel sämtliche Eigenschaften einer ›echten‹ Sabbrah angenommen. Der Begriff hat übrigens noch zwei weitere Bedeutungen: Es gibt einen Likör, der so heißt. Vor allem aber werden Kaktusfrüchte, die innen süß und außen stachlig sind, ›Sabbrah‹ genannt. Ich denke, das paßt ganz gut.«

»Nichts vergessen, aber auch nichts vermischen«
Jüdische Identität

Das Thema Judentum ist für eine in Deutschland lebende Israelin, die auch in der ›Fremde‹ an jüdischen Traditionen festzuhalten versucht, stets präsent. Auch dann, wenn es nicht explizit um religiöse Fragen geht, erscheint das Eingebundensein in eine weltweit verstreute Glaubensgemeinschaft als beständiger Orientierungsrahmen, als eine Art Haltegriff, der Stabilität und Sicherheit verleiht. Mania Feilcke stellt in dieser Hinsicht keine Ausnahme dar, lebt doch ein guter Teil der Angehörigen jüdischen Glaubens außerhalb des Staates Israel. Im Englischen nennt man den Efeu »The wandering Jew«, weil es sich um eine Pflanze handelt, die fast überall Wurzeln schlagen kann. Durch die Diaspora wurde das jüdische Volk in alle Windrichtungen zerstreut, stellte Sir Peter Ustinov unlängst in einem Artikel für die Welt am Sonntag fest, »doch verhalf ihnen gerade die Diaspora zu jenem internationalen Ansehen, das sie als Volk von ungewöhnlicher Intelligenz, Scharfsinn und Abstraktionsvermögen zu Recht genießen. Hätten Spinoza, Freud oder Einstein weltweite Anerkennung erlangt, wenn ihr Volk im Gelobten Land geblieben wäre? Bestimmt nicht.«

Israeliten in der Fremde: Das ist an sich nichts Besonderes, sondern der Normalfall. Es sei denn, jene Fremde – wie immer man diesen Begriff definieren will – ist Deutschland. Aufgrund der ungeheuren historischen Hypothek, die spätestens seit der Zeit des Nationalsozialismus auf dem Verhältnis zwischen Deutschen und Juden lastet, ruft die bewußte Entscheidung einer Israelin, ihren Lebens- und Arbeitsmittelpunkt ausgerechnet im Land der geistigen Väter des Holocaust nehmen zu wollen, einen erhöhten Rechtfertigungsbedarf auf den Plan. Eine solche Entscheidung erscheint nach wie vor nicht selbstverständlich oder gar ›normal‹, obwohl sie schon lange kein Sonderfall mehr darstellt. Was bedeutet Normalität in Bezug auf die schwierigen, schwer belasteten Beziehungen zwischen Deutschland und Israel? Kann oder besser: darf es sie überhaupt geben? Wie immer man solche Fragen beantworten mag – daß sie gestellt werden und kontroverse Diskussionen hervorrufen ist ein sicheres Indiz für die ungebrochene Brisanz, die diesem Thema innewohnt.

Mania Feilckes Biographie bietet ein anschauliches Beispiel für die vielfältigen Berührungspunkte und Überlagerungen, die in kultureller wie auch in politischer Hinsicht das Verhältnis zwischen Deutschland und Israel prägen. Wer ihre Schöneberger Wohnung betritt, sieht sich sogleich mit einer Fülle von Judaica in Wort und Bild konfrontiert, die auf eine rege Auseinandersetzung mit den religionsgeschichtlichen und gesellschaftlich-sozialen Aspekten ihres Glaubens schließen lassen. Immer wieder kommt sie während unseres Gesprächs auf den Stellenwert zu sprechen, den Jerusalem als lokales wie geistiges Zentrum für die Juden in aller Welt auch in ihrem Leben einnimmt. Die israelische Hauptstadt, die Mania Feilcke bereits des öfteren besucht hat, dient als ein Sehnsuchtsprospekt, der auch in der Diaspora jederzeit abrufbar zu sein scheint. »Es gibt einen sehr schönen Psalm über Jerusalem, den ich – wie übrigens alle Juden überall auf der Welt – immer bei mir trage. Er lautet: »Sollte ich dich, Jerusalem, je vergessen, so versage mir meine Rechte« (Psalm 137/115).

Um sicherzustellen, daß Mania Feilcke überall in der Welt das Land ihrer Väter bei sich tragen kann, hat ihre Freundin Simone Volmer ihr einen kleinen Tisch aus Birnbaumholz mit eingelegter Landkarte des Staates Israel geschenkt. Das mobile Möbelstück wird während unserer Gespräche immer wieder als topographische Gedächtnisstütze herangezogen, wenn es etwa um die genaue Lokalisierung ihrer Stationen in Israel geht. »Sehen Sie, hier sind wir damals angekommen, meine Eltern und ich, als wir von Polen nach Israel übergesiedelt sind. Und hier, ganz in der Nähe des Sees Genezareth, liegt der Kibbuz, in dem ich als junges Mädchen gelebt habe.« Wer sich als Jude für ein Leben in der Fremde entschieden hat, bedarf – so scheint es – trotz einer intensiven geistigen Verbundenheit mit dem Land seiner Väter auch des einen oder anderen visuellen Anhaltspunktes, um sich und anderen die Schauplätze seiner Herkunft vor Augen führen zu können.

Natürlich finden sich in der Schöneberger Wohnung der Feilckes nicht ausschließlich Gegenstände, Bilder und Schriften, die eine enge Verbindung zur mosaischen Glaubensgemeinschaft dokumentieren. Als Sohn eines protestantischen Superintendenten aus Hannover hat auch Jochen Feilcke eine Reihe von Exponaten um sich versammelt, die der christlichen Tradition entstammen. Aber genau diese Verbindung unterschiedlicher Einflußsphären und

Kulturkreise macht die Besonderheit wie auch den Charme dieser gastlichen Wohnung aus. Es ist ein entspanntes Nebeneinander, in dem der alte Konflikt zwischen beiden Religionsgemeinschaften zugunsten einer auf Gemeinsamkeit bauenden Glaubensauffassung aufgehoben scheint. »Es geht nicht darum, irgendetwas zu idealisieren. Wir sind lediglich der Überzeugung, daß Juden und Christen voneinander profitieren können. Für dieses Modell ist unsere Ehe durchaus exemplarisch. Wir fassen es als gegenseitige Bereicherung auf, daß wir durch unsere unterschiedlichen religiösen Bindungen Einblicke in die spirituellen Traditionen des jeweils anderen bekommen können.«

Unser ausuferndes Gespräch über den Stellenwert des Judentums in Mania Feilckes Leben kreist unter anderem um das schwierige Problem der deutschen beziehungsweise jüdischen Identität, um alte und neue Ressentiments zwischen beiden Völkern, um das jüdische Leben in New York, das Mania Feilcke im Verlauf ihrer Studienjahre kennengelernt hat, und nicht zuletzt um die Besonderheiten jener zahlreichen jüdischen Feste, die neben den christlichen Feiertagen das Kalenderjahr einer kosmopolitischen Israelin in der deutschen Hauptstadt strukturieren.

»Um Begriffsverwirrungen von vornherein auszuschließen: Mit dem Begriff ›Judentum‹ wurden ursprünglich nur die Angehörigen des Stammes Juda bezeichnet. Seit dem babylonischen Exil werden alle bekennenden Angehörigen des jüdischen Glaubens Juden genannt. Viele wissen das nicht, wenn sie über das Judentum reden. Die Juden sind keine biologische oder rassische Gruppierung, sondern eine durch Religion und Geschichte geformte Volksgemeinschaft. Deswegen ist eigentlich auch unsinnig, vom ›Verhältnis zwischen Deutschen und Juden‹ zu reden. Die Deutschen sind eine Nation, die verschiedene Glaubensgemeinschaften – Katholiken, Protestanten usw. – umfaßt, die Juden dagegen sind eine Glaubensgemeinschaft, die über viele Nationen verstreut ist. Es bedeutet im Grunde eine Vermengung der Kategorien, beides einfach gleichzusetzen.«

Von den jüdischen Gemeinschaften in Deutschland und in Polen, die vor der Zeit des ›Dritten Reichs‹ Zentren des europäischen Judentums gewesen waren, existieren heute nur noch wenige. Der Vernichtungspolitik des nationalsozialistischen Regimes fiel die unvorstellbare Zahl von über sechs Millionen Juden zum Opfer. »Die Geschichte der Juden in Deutschland zu kennen«, betont Mania Feilcke, »ist für jeden wichtig, der es ernst mit dem Schlagwort der ›Bewältigung‹ deutscher Geschichte meint. Ich bin nicht sicher, was ich mir unter diesem Begriff vorzustellen habe. Für mich steht lediglich fest, daß das Judentum für viele Deutsche bis heute ein problematisches, nicht verarbeitetes Thema darstellt. Ich lebe seit Jahren in Deutschland und wurde bis jetzt noch nie direkt mit antisemitischen Reaktionen konfrontiert. Aber es stimmt mich nachdenklich und traurig, daß der Fremdenhaß heute wieder eine solche Resonanz in Deutschland findet.«

Mania Feilcke hat die Zeit des Nationalsozialismus nicht selbst miterlebt. »Was ich darüber weiß, haben mir meine Eltern vermittelt – sowohl in Form von Erzählungen als auch indirekt. Dadurch nämlich, daß sie mich als ihr einziges verbliebenes Kind mit einer übersteigerten Aufmerksamkeit bedachten, die zu guten Teilen durch ihre leidvollen Erfahrungen mit den Deutschen zu erklären war. Später habe ich dann natürlich auch Bücher gelesen und Filme gesehen, die sich mit der deutschen Vergangenheit auseinandersetzen. Ich glaube, daß es zur Zeit meiner Kindheit in den fünfziger Jahren noch unmöglich gewesen wäre, sich kritisch mit Geschehnissen der jüngst vergangenen Geschichte zu beschäftigen. Das ›Dritte Reich‹ war eben erst untergegangen. Viele Deutsche haben sich geschämt und deshalb alles in Schubladen gesteckt. Vor der Weltöffentlichkeit standen sie fortan als Kriegstreiber und Rassisten da, die zurecht auf der Anklagebank der internationalen Völkergemeinschaft saßen. Auch sollte man daran erinnern, daß zahlreiche Deutsche ihre Gesinnung auch nach Ende des Zweiten Weltkriegs nie wirklich abgelegt haben. Man konnte ja das Etikett wechseln und ansonsten weiterleben wie bisher.«

Dennoch ist es für Mania Feilcke wichtig, zwischen der Generation der unmittelbar Beteiligten und den heutigen Deutschen zu differenzieren – und nach Möglichkeit auf pauschale Urteile zu verzichten. »Man darf nichts vergessen, aber man darf auch nichts vermischen! Für mich, die ich nach dem Holocaust zur Welt gekommen bin, erscheint die Nazizeit als eine furchtbare, grausame Phase der deutschen Geschichte. Aber sie ist eben nur ein Teil der deutschen Geschichte. Ich werde hin und wieder gefragt: ›Wie kannst du als Jüdin bloß in Deutschland leben und mit einem Deutschen verheiratet sein, noch dazu mit einem Konservativen, einem CDU-Mann?‹ Meine Antwort fällt in der Regel so aus: Eine gute Grundlage für die Zukunft ist das Bemühen um mehr Verständnis zwischen Deutschen und Juden. Man darf doch nicht den Fehler machen, den Deutschen immer nur – und immer wieder – ihre Schuld aus der Vergangenheit anzulasten. Wir sollten lieber versuchen, einen gemeinsamen Weg für die Zukunft zu finden! Was man verlangen kann, ist, daß die Deutschen aufgrund ihrer Geschichte eine besondere Empfindsamkeit gegenüber Fragen der nationalen und religiösen Identität an den Tag legen. Das ist sicher nicht zuviel verlangt. Aber sie lediglich auf ihre historische Schuld festzulegen, halte ich für wenig fruchtbar.«

Berlin zählt zu den deutschen Städten, für die die Vertreibung und Ermordung der jüdischen Bevölkerung die schwersten und langfristigsten Folgen hatte. Gerade im kulturellen Bereich kam es hier zu einem Aderlaß, der nach Ende des Zweiten Weltkriegs nie wieder ausgeglichen werden konnte und sich noch heute manifestiert. Während der Weimarer Republik war die deutsche Hauptstadt ein Ort des Glamours. Ihre privaten Theater, Konzerthallen oder Filmpaläste waren von jüdischen Direktoren, Künstlern, Artisten stark beeinflußt. Ganz zu schweigen vom gebildeten Bürgertum der Stadt, von den Sammlern, Mäzenen und Gelehrten, die eine wichtige Rolle im gesellschaftlichen Leben Berlins einnahmen und für deren Verlust nie ein Ausgleich geschaffen werden konnte. Erst kürzlich hat der in Berlin lebende Mäzen Rafael Roth anläßlich der Eröffnung des nach ihm benannten multimedialen Learning-Centers im Jüdischen Museum Berlin die Motive für das mäzenatische Engagement der Juden erläutert: »Für mich besteht das Wesen des Judentums in seiner humanitären Botschaft. Das Hauptanliegen des Judentums ist seine ethische Grundlage, seine Suche nach Gerechtigkeit. Nur das allein reicht nicht aus, es kommt darauf an was man tut, und Wohltätigkeit ist unsere vornehmste Pflicht. Die Reicheren unterstützen die Armen und die Armen die Ärmsten. Da den Begüterten eine so wichtige Rolle zufiel, haben sich die Juden, als die feudale Weltordnung zusammenbrach, wie kein anderer am Mäzenatentum der Moderne beteiligt.«

Die Berliner Juden hatten einen überragenden Anteil an der kulturellen und wissenschaftlichen Blüte der Stadt in den zehner und zwanziger Jahren. Ihre Verfolgung, Vertreibung und Ermordung kam einem langfristigen, bis heute wirksamen Substanzverlust gleich. »Das vitale kulurelle Gepräge Berlins im ersten Drittel des 20. Jahrhunderts«, sagt Mania Feilcke, »das heute zumeist mit verklärtem Blick betrachtet wird, wurde 1933 mit der Machtergreifung der Nationalsozialisten zerstört. Tausende von Juden mußten Berlin verlassen, ehe 1938 während der ›Reichskristallnacht‹ die Synagogen in Brand gesetzt wurden und alles vernichtet war. Die Nazis haben den Völkermord an den Juden gründlich geplant und 1942 die ›Endlösung der Judenfrage‹ – ›The Final Solution of the Jewish Question‹ – angesteuert. Während der sogenannten Wannseekonferenz haben sie den Beschluß zur Ermordung von Millionen von Juden gefaßt und diese Pläne auch in die Tat umgesetzt. Was die Zerstörung der Stadt selbst betrifft, stehe ich auf dem Standpunkt, daß Berlin nicht durch die Bomben der Alliierten vernichtet worden ist, sondern schon lange vorher, schon im Jahr 1933. Ich rede hier nicht von der Vernichtung von Gebäuden, sondern von der systematischen Destruktion von Menschen einer freien demokratischen Gesellschaft.«

Von den ehemals 160.000 Berliner Juden – das waren 1933 rund vier Prozent der Stadtbevölkerung – haben nur etwa sechs- bis siebentausend den Holocaust überlebt – versteckt oder durch ihre Ehe mit Christen getarnt. Vor zwanzig Jahren belief sich der Anteil des Judentums an der West-Berliner Bevölkerung auf 0,25 Prozent, heute sind es rund 0,4 Prozent von ganz Berlin. »Was mich als nicht unmittelbar Betroffene enorm verwundert: Viele deutschstämmige Juden sind nach Ende des Krieges nach Berlin zurückgekehrt und haben in den gutbürgerlichen südwestlichen Quartieren in Dahlem, Zehlendorf oder im Grunewald ein neues Leben begonnen. Ich frage mich, was sie nach all den schrecklichen Erfahrungen bewogen haben mag, hierher zurückzukehren. Vielleicht ist der Grund ganz einfach darin zu sehen, daß sie sich – was immer auch geschehen war – als Deutsche gefühlt und hier ihr Zuhause gesehen haben. Die Geschichte lehrt, daß gerade unter den assimilierten Juden patriotische Gefühle für ›ihr‹ Land besonders ausgeprägt waren. Schauen Sie sich die Begeisterung an, mit der viele von ihnen in den Ersten Weltkrieg gezogen sind, um dem damaligen Deutschen Reich zum Sieg zu verhelfen. Die Berliner Gefallenenfriedhöfe, auf denen noch heute zahlreiche Grabsteine deutsch-jüdischer Patrioten zu sehen sind, sprechen in dieser Hinsicht eine deutliche Sprache.«

Mania Feilcke hat nicht persönlich unter dem Naziregime gelitten, doch bedeutet dieser Abschnitt deutscher Geschichte auch für sie eine tiefe Demütigung. »Ich kann mich gut an meine Zeit als Schulmädchen erinnern, als es in Jerusalem zum Prozeß um Adolf Eichmann kam, der 1960 vom israelischen Geheimdienst in Argentinien verhaftet wurde. Ich verfolgte in den Nachrichten den Verlauf der Verhandlung ganz genau. Der ehemalige Leiter des Judenreferats im Reichssicherheitshauptamt, der die ›Endlösung der Judenfrage‹ durch den Transport der meisten im deutschen Machtbereich lebenden Juden in die Massenvernichtungslager der besetzten Ostgebiete durchgeführt hatte, wurde schließlich 1961 unter großer öffentlicher Beteiligung zum Tode verurteilt und hingerichtet. Das alles hat mich sehr bewegt, weil in diesem Fall nicht nur die Verbrechen eines Einzelnen, sondern stellvertretend die eines ganzen Volkes verhandelt wurden. Meine Eltern haben mir zwar einiges darüber erzählt, was sie während der Nazidiktatur und insbesondere während ihrer Inhaftierung in Auschwitz durchgemacht haben, zugleich jedoch ist mir schon damals aufgefallen, daß sie vieles verdrängten. Auch in der Schule wurde dieses Thema – ich will nicht sagen: tabuisiert, aber doch sehr eindimensional behandelt. Über die deutsch-israelischen Vereinbarungen, die im Verlauf der Nachkriegszeit zustande kamen, wollten die Lehrer in meiner Schule überhaupt nicht sprechen. Das hing, wie mir später bewußt wurde, mit einer totalen Abneigung gegenüber allem zusammen, was auch nur im entferntesten mit Deutschland zu tun hatte. Daß sich die Bundesrepublik nach dem Krieg als demokratisches Staatswesen verstand und auch entsprechend verhielt, wurde in Israel über einen langen Zeitraum hinweg kaum wahrgenommen. Deutschland war – wie Avi Primor in seiner Autobiographie sehr schön beschreibt – ein ›weißer Fleck auf der Karte, es existierte einfach nicht‹.«

Avi Primor, von 1993 bis 1999 Botschafter Israels in Bonn, hat seine einst ablehnende Haltung gegenüber Deutschland ebenso revidiert wie viele seiner Landsleute. »Obwohl es inzwischen den Staat Israel gibt«, sagt Mania Feilcke, »leben viele Juden – mich eingeschlossen – gerne in Deutschland. Ich finde, das ist eigentlich ein gutes Zeichen, denn es weist darauf hin, daß Deutschland ein verändertes, demokratisch geprägtes Profil gewonnen hat und auch vom Ausland entsprechend wahrgenommen wird. Es ist eben nicht nur das Land, in dem die ›Endlösung der Judenfrage‹ beschlossen wurde. Eine Aufarbeitung der Vergangenheit kann meiner Meinung nach nur dann funktionieren, wenn sie frei von Schuldgefühlen ist. Sind Schuldgefühle im Spiel, erscheint eine sachliche Argumentation ausgeschlossen. Wenn mir jemand von vornherein die Schuld an etwas gibt, bin ich doch gar nicht dazu bereit, mich auf ein vernünftiges Gespräch einzulassen.«

Für Mania Feilckes Eltern war Deutschland tabu. »Ihr Verhältnis gegenüber diesem Land war nach Auschwitz ein für allemal geklärt.« Für die in Israel lebenden Juden hingegen erschien eine Auseinandersetzung mit ihren religiösen und weltanschaulichen Grundlagen wenig erforderlich. »Als Israelin habe ich mich nicht sonderlich intensiv mit dem Thema Judentum beschäftigt. Und auch die Frage, wie das Ausland die Juden betrachtete, hatte aus meiner damaligen Perspektive keine vorrangige Bedeutung. Wir waren Juden, wir lebten in Israel – und damit hatte sich's! Die Auseinandersetzung mit meiner Identität als Jüdin begann bei mir erst in dem Augenblick, als ich im Ausland – und insbesondere in Deutschland – damit konfrontiert wurde.«

Der konkrete Anlaß, sich außerhalb des Staates Israel eingehender mit ihrer jüdischen Tradition zu beschäftigen, war für Mania Feilcke der Festtagskalender. Das Judentum orientiert sich an einer eigenen Zeitrechnung, einem eigenen Kalender und einem reichhaltigen traditionellen Festtagszyklus, der dem Jahr eine verläßliche, immer wiederkehrende Struktur verleiht. »Ein Schabbat-Mahl, ein Seder im Familienkreis, eine selbstgebaute Sukka und Chanukka-Kerzen«, schreibt Rabbiner Michael Shire in einem von ihm herausgegebenen Buch mit jüdischen Gebeten und Segenssprüchen, »sind aus unserem Leben nicht wegzudenken. Bei uns zu Hause ist es Tradition, daß am Freitag Abend alle Anwesenden über die vergangene Woche nachdenken und einander segnen. Das Heim wird so zum Mikdasch Me'at, einem kleinen Heiligtum, wo wir Kraft und Liebe schöpfen können.«

In Israel, erinnert sich auch Mania Feilcke, waren diese Feiertage »für mich Routine, etwas ganz Normales. Am Schabbat, dem Chanukka-Fest, dem Pessach-Fest, dem Rosch Haschana oder zum Jom Kippur, dem heiligsten Tag des jüdischen Kalenders, war regelmäßig das ganze Land wie paralysiert – nichts bewegte sich mehr. In New York zum Beispiel mußte ich dagegen immer ganz genau den jüdischen Kalender studieren, den mir meine nicht-jüdischen Gasteltern geschenkt hatten, damit ich unsere Feiertage nicht verpaßte. Das gleiche Problem hatte ich später auch in Deutschland. Zum Glück ist mein Mann ein Pastorensohn und hat als solcher einen ausgeprägten Sinn für religiöse Angelegenheiten. Er kennt die jüdischen Feiertage mittlerweile fast besser als ich, so daß er mich notfalls immer daran erinnern kann. Unsere Tochter besucht in Berlin die John-F.-Kennedy-Schule und ist mit den deutschen Feiertagen bestens vertraut. Aber sie bekommt zuhause eben auch jüdische Traditionen mit, an denen wir kontinuierlich festgehalten haben. Ich war nie wirklich religiös, auch zu meiner Zeit in Israel nicht, aber Traditionen waren immer wichtig und bedeutsam für mich. Und nach diesen Traditionen habe ich überall, wo ich bisher gewesen bin, gelebt – ob in New York, in Kolumbien, im afrikanischen Busch oder in Deutschland.

Ich stamme aus aus einer ebenso aufgeklärten wie traditionsbewußten Familie. Meine Eltern gingen in die Synagoge, ehrten die jüdischen Feiertage und aßen stets koscher. In Israel ist ein Leben nach solchen Vorgaben auch nicht schwer in die Tat umzusetzen. Aber von mir, die ich seit Jahrzehnten nicht mehr in Israel lebe und zudem mit so vielen nicht-jüdischen Freunden und Bekannten zusammenkomme, kann man eine streng jüdische Lebensführung nicht erwarten. Wie sollte denn das auch gehen? Soll ich etwa das gesamte Geschirr in zwei Waschbecken säubern, nur weil nach dem koscheren Ernährungsplan Milch- und Fleischgeschirr säuberlich voneinander getrennt werden müssen? Solche Dinge sind in orthodoxen Haushalten bis ins kleinste Detail geregelt. Losgelöst von der entsprechenden Umgebung sind sie indessen kaum zu befolgen. Deshalb konzentriere ich mich bei der Ausübung meiner religiösen Pflichten auf die mir wesentlichen Aspekte jüdischer Kultur und Identität.«

So wird, aufgrund der zweigleisigen Verknüpfung mit religiösen Traditionen, im Hause Feilcke gleich ein doppeltes Festpensum absolviert: Sowohl die christlichen als auch die jüdischen Feiertage bieten Anlässe zu Geselligkeit und Brauchtumspflege -, Anlässe, die sich inzwischen auch auf gesellschaftlicher Ebene herumgesprochen haben. »In Berlin ist bekannt«, betont Mania Feilcke nicht ohne Stolz, »daß mein Adventskranz zu den schönsten der Stadt gehört. Und auch die Advents-Tees, die ich regelmäßig veranstalte, erfreuen sich großer Beliebtheit. Daneben feiern wir im Dezember beispielsweise aber auch das achttägige Chanukka- oder ›Lichter‹-Fest zur Erinnerung an die 165 v. Chr. von Judas Makkabäus veranlaßte Wiederaufnahme des Jerusalemer Tempeldienstes, bei dem täglich fortschreitend eine Kerze des neunarmigen Leuchters angezündet wird.«

Neben der Bewahrung der jüdischen Festtagstradition läßt sich Mania Feilckes Auseinandersetzung mit ihrer jüdischen Identität auch an Gebeten und Sprichworten festmachen, die zu ihrem täglichen Wortschatz gehören. »Wir begrüßen uns mit dem Wort ›Shalom‹, was ja in wörtlicher Übersetzung soviel wie ›Friede‹ bedeutet. Dann gibt es einen Begriff, der die, wie ich finde, sehr schöne Haltung zum Ausdruck bringt, zum Leben ›Prosit!‹ zu sagen: ›Lachaim‹. Eine enge Beziehung habe ich auch zu unserer Nationalhymne, die sich ›Hatikvah‹ – ›Die Hoffnung‹ – nennt:

›Solange im Herzen darinnen
ein jüdisches Fühlen noch taut,
solange gen Südost zu den Zinnen
von Zion ein Auge noch schaut.
Solange lebt die Hoffnung auf Erden,
die uns 2000 Jahre verband.
Daß ein Freivolk wir wieder werden
in Zion. Jerusalems Land.‹

Schöner als diese Worte können für mich keine anderen sein. Diese Hymne und Gebete wie das folgende, das vor einer Reise gesprochen werden soll, begleiten mich auf der ganzen Welt: ›Ewiger, unser Gott und Gott unserer Vorfahren, laß uns wohlbehalten unterwegs sein. Behüte unsere Schritte und geleite uns mit deinem Frieden. Laß uns lebendig, froh und unversehrt unser Ziel erreichen.‹«

Die erwähnten Beispiele, die im Verlauf unserer Gespräche um zahlreiche andere erweitert wurden, machen eines deutlich: Mania Feilckes enge Verbundenheit mit den Traditionen ihrer israelischen Heimat sind unmittelbar mit dem Medium Sprache verknüpft. Es ist der Klang bestimmter Worte, die schwer zu übersetzende Bedeutung einzelner Begriffe oder ausgewählter Strophen, die sie mit den Tiefendimensionen ihrer Muttersprache in Verbindung halten.

»Es ist eigenartig, aber jedesmal, wenn ich die Absicht habe, einen besonders schönen Brief zu schreiben, nehme ich den Talmud zur Hand. Das ist ein Buch in hebräischer Sprache, das ungewöhnlich umfangreich ist und dessen Ursprünge in die Zeit des ersten Jüdischen Krieges zurückreichen. Es ist so aufgebaut, daß jeweils in der Mitte der Seiten die eigentlichen Gesetze und drumherum in kleinerer Schrift die dazugehörenden Erläuterungen und Kommentare stehen. ›Talmud‹ bedeutet ›Belehrung‹ – und als solche verstehe ich die hier festgehaltenen Sprüche und Weisheiten auch. Ich werde einige daraus zitieren: ›Wirf keinen Stein in den Brunnen, von dem du deinen Durst gelöscht hast‹. Oder diesen, der für mich als Israelin zu den schönsten Sprüchen zählt: ›Die Schönheit kam in zehn Teilen in die Welt. Jerusalem erhielt neun, der Rest der Welt einen.‹ Gewiß, eine sehr spezielle Form der Arroganz. Aber Jerusalem ist eben wirklich etwas ganz Besonderes! Und noch ein Spruch, den ich mir selbst zu Herzen nehme: ›Hüte dich vor dem, der Vorteil hat von dem Rat, den er dir gibt‹. An Einsichten wie diesen kann man sehen, wie zeitlos-modern der Talmud sein kann.«

Einen weniger belehrenden als vielmehr sentimentalen oder wehmütigen Charakter haben für Mania Feilcke die Texte und Melodien alter jiddischer Lieder, die noch heute vielerorts gesungen werden und auch im kulturellen Angebot Berlins ihre Nische gefunden haben. So wird etwa in einem kleinen Theater in den Hackeschen Höfen mit der erfolgreichen Reihe »Jiddische Musik am historischen Ort« die Tradition des Klezmer gepflegt. »Wenn ich jiddische Lieder höre – wie etwa freitags zur Einstimmung auf den Schabbat -, erweckt das in mir eine sonderbare Sehnsucht nach meiner Kindheit. Meine Eltern haben sich immer in jiddischer Sprache unterhalten. Sie konnten zwar auch ein kaputtes Polnisch und ein bißchen Hebräisch, aber jiddisch, das war die Sprache!«

Das Wort »jiddisch« ist die mittelhochdeutsche Bezeichnung für »jüdisch«. Bis in unsere Zeit war jiddisch die wichtigste Verkehrs- und Literatursprache der Juden. Sie entstand um das 11. und 12. Jahrhundert, doch gehen die Theorien zu ihrer Entstehungsgeschichte weit auseinander, da die jüdischen Gemeinschaften, wo immer sie auch siedelten, Bestandteil der sie umgebenden Kulturkreise waren. Deutsche – beziehungsweise Germanen - und Juden leben seit mehr als zweitausend Jahren neben- und miteinander. Dieses Zusammenleben läßt sich an einer Vielzahl von Gemeinsamkeiten festmachen, die sich mehr oder weniger ausgeprägt bis zum heutigen Tag erhalten haben. »Nehmen Sie allein die zahllosen Begriffe hebräischen Ursprungs, die in die deutsche Umgangssprache eingegangen und nicht mehr wegzudenken sind: zum Beispiel ›Moos‹, ›mogeln‹ oder ›Meschugge‹. Kommunikation, schreibt Andreas Nachama in seiner lesenswerten kleinen Studie über hebräische Sprachelemente im deutschen Wortschatz, sei keine Einbahnstraße: ›Worte der Umgebungskultur fanden nicht nur ihren Weg ins Jiddische, sondern auch Worte hebräischen Ursprungs in die Sprache der Umgebungskultur.‹«

Wer sich mit dem Einfluß des Judentums auf die kulturelle Landschaft Berlins beschäftigt, wird unweigerlich auf jene berühmten Salons stoßen, die gegen Ende des 18. Jahrhunderts von der jüdischen Oberschicht nach französischem Vorbild etabliert wurden und gegenwärtig eine umfassende Renaissance erleben. Es waren vor allem weibliche Gesellschafterinnen jüdischer Konfession, die in der Zeit zwischen Aufklärung und Romantik die sogenannten Republiken des freien Geistes leiteten. Als ›Salon‹ bezeichnet man regelmäßige Empfangsabende für einen literarisch und künstlerisch interessierten Kreis. Insbesondere die für das aufgeklärte Judentum kennzeichnende Befreiung der Frau aus ihrer beengenden Rolle als Hausfrau und Mutter kam deren Stellung als Mittelpunkt der geselligen Runden in privater Atmosphäre entgegen.

»In diesen Berliner Salons trafen sich Juden und Nicht-Juden, unabhängig von ihren religiösen Bindungen, zu literarischen Gesprächen. Bei den Abramsons zum Beispiel, bei denen Dorothea Schlegel – eine geborene Mendelssohn – die Salondame gab, oder im Haus des Arztes Marcus Herz, wo dessen Frau Henriette den Gesellschaften vorstand. Nicht zu vergessen Rahel Levin, später verheiratete Varnhagen, nach deren legendärem Salon in der Jägerstraße heute das Restaurant Vau benannt ist. Eine Auffrischung in Sachen ›Gesprächskultur‹ kann Berlin in jedem Fall gut gebrauchen. Und wer weiß, vielleicht kann diese bewußte Anknüpfung an Traditionen der Geselligkeit im Zeichen der Aufklärung ja auch die Herausbildung eines geistigen Klimas befördern, in dem konfessionelle Streitereien keine Rolle mehr spielen.«

»New York, New York«
Lehrjahre in ›Big Apple‹ (1973-1981)

»If you can make it there,
you can make it everywhere«
Frank Sinatra

Der Traum vieler Israelis besteht darin, in die ›große weite Welt‹ hinauszugehen, andere Länder zu besuchen und ihren Horizont zu erweitern. Und zu den attraktivsten, verlockendsten Zielen zählt seit jeher Amerika – die ›Neue Welt‹ mit ihren zahllosen, schillernden Glücksversprechen. Auch auf Mania Feilcke hat diese Vision eine starke Anziehung ausgeübt. »Kaum war meine Armeezeit beendet, habe ich meine Eltern damit konfrontiert, daß ich nach Amerika gehen wollte, und zwar, um genau zu sein, nach New York. In dieser Stadt zu leben, war ein Traum für mich. Ich habe immer gedacht: ›Wenn du mit der Armee fertig bist, gehst du nach Amerika!‹ Und das habe ich dann auch getan. Meine armen Eltern haben mit den für sie typischen Warnungen auf meine Ankündigung reagiert: ›Kind, mach‹ dich nicht unglücklich, du wirst schon bei der Überfahrt im großen Ozean untergehen!‹ Aber für mich war entscheidend, eine neue und große Herausforderung anzunehmen. Ich wollte immer mehr aus meinem Leben herausholen, als ich gerade hatte. Es sollte nie zu einer Einbahnstraße werden oder zur Ruhe kommen. Ruhe, dachte ich immer, bedeutet Alter – und das war damals weit weg!

Für die Amerikaner gilt ja bekanntlich die Devise ›Think big!‹ Das ist mir außerordentlich sympathisch. Sie orientieren sich immer an den Besten, das halte ich auch so. Warum sein Licht unter den Scheffel stellen? In jeder Lebenslage lautet ihr Vorsatz: ›Straight to the top! – And never take no as an answer!‹ Ich bin ein aufgeschlossener Mensch, der sich nicht gerne bevormunden läßt und seinen eigenen Kopf hat. Es gibt einen Song von Diana Ross, der diese Einstellung ganz gut zum Ausdruck bringt:

›I always wanted more, than life can offer,
and I went after this.
Do you know where you are going to?
And do you like the things that life is showing you?‹«

Mit dieser Haltung schien die Metropole New York, ›The Big Apple‹, in der Tat der geignete Ort zu sein, um Manias Vorstellung von einem schillernden, ereignisreichen Leben einzulösen. »Bevor ich nach New York ging, war ich zunächst eine Weile in Buenos Aires – acht Monate insgesamt. Wir hatten dort entfernte Verwandte, die im eleganten Stadtteil Olivos lebten und angeboten hatten, mich bei sich aufzunehmen. Es gab in der argentinischen Hauptstadt damals eine große jüdische Community, und meine Verwandten, die eine Lederwarenfabrik an der längsten Straße der Welt – der Riva d'Avia – betrieben, gehörten dazu. Ich bin mit einem großen Schiff, das in Haifa abgelegt hatte, an der Mündung des Río de la Plata angekommen. Da ich damals noch nicht schwimmen konnte, war mir die lange Überfahrt alles andere als geheuer. Ich mußte mich ziemlich zusammenreißen, um meine notorische Angst vor dem Wasser unter Kontrolle zu behalten. Aber es half ja nichts: Wenn ich dort hinüber wollte, mußte ich eben in Kauf nehmen, eine Weile den festen Boden unter den Füßen zu verlieren.

Auf diesem Schiff habe ich eine ganze Menge Leute kennengelernt, ältere wie auch jüngere. Ich erinnere mich gut daran, daß in der 1. Klasse andauernd irgendwas gefeiert wurde. Und da ich mich – kontaktfreudig, wie ich nun einmal bin – bald mit vielen Passagieren aus der 1. Klasse angefreundet hatte, wurde ich zu diesen Festen eingeladen. Mein Vorteil war, daß ich relativ viele Sprachen beherrschte. Ich konnte mich auf englisch, polnisch, jiddisch und hebräisch unterhalten. Außerdem war ich schon immer eine gute Tänzerin. Und so hat es nicht lange gedauert, bis ich am Tisch des italienischen Kapitäns gelandet bin, obwohl mir das als Passagierin, die kein First-Class-Ticket gebucht hatte, eigentlich nicht zustand. In gewisser Hinsicht ist mein kleiner Aufstieg auf Deck aber typisch für mich. Ich bin nämlich der Ansicht, daß man die Mittel, die einem von Natur aus zur Verfügung stehen, durchaus zielgerichtet einsetzen darf. Ich war eine charmante, attraktive junge Frau, die bei Bedarf ein flottes Tanzbein schwingen konnte. Außerdem hatte ich seltsamerweise – wenn man meine doch eher abgeschottete Kindheit und Jugend berücksichtigt – ein Talent für unterhaltsame Konversationen auf gesellschaftlicher Ebene. Das alles konnte ich in der ›großen weiten Welt‹ in die Wagschale werfen. Es war mein Startkapital in eine verheißungsvolle Zukunft, die aus meiner Sicht gar nicht schnell genug beginnen konnte.

Irgendwann während der langen Überfahrt von Haifa nach Buenos Aires ist mir aufgefallen, daß die jüdischen Mitreisenden mich partout ›unter die Haube‹ bringen wollten, wie man so sagt. Es gibt in Israel eine Art Verkupplungsstrategie, die ›Schidduch‹ genannt wird. Ich fand es zwar ganz reizend, wie sich alle um mein Wohlergehen bemühten, das änderte aber nichts an meiner Einstellung, die ich auch verschiedentlich kundgetan habe: ›Mit wem ich mich einlasse, entscheide immer noch ich alleine!‹ Ich muß allerdings hinzufügen, daß die Auswahl an jüdischen Männern an Bord nicht gerade vielversprechend war. Kein Grund zum Schäkern! Wäre es damals um den italienischen Kapitän gegangen – der hätte mir schon besser gefallen!«

Buenos Aires war für Mania Feilcke lediglich eine kurze Zwischenstation auf ihrem vorgezeichneten Weg in die Vereinigten Staaten. Dennoch blieb auch hier Zeit genug, um sich ein wenig umzuschauen, Kontakte zur einheimischen Bevölkerung herzustellen und den besonderen Charakter der Stadt kennenzulernen. »Buenos Aires wirkt aus heutiger Sicht auf mich wie eine Mischung aus Paris, London und New York – ausgestattet jedoch mit einem unverkennbaren Latino-Touch. Das Leben vibriert auf den Straßen. Damals hat mich vor allem die Freundlichkeit der Argentinier beeindruckt, eine Offenheit, wie ich sie mit meinen bis dahin eher bescheidenen Vergleichsmöglichkeiten nur von Israel her kannte. Die Latinos gelten ja bekanntlich als temperamentvoller Menschenschlag – ein Image, das ich voll und ganz bestätigen kann. Was sich in Buenos Aires auf der Straße und in den Restaurants und Cafés abspielte, war das Schauspiel eines lebensfrohen, sinnlichen, offenherzigen und zugleich melancholischen Volkes mit viel Sinn für's Melodramatische. Nicht von ungefähr ist Argentinien das Mutterland des Tango. Abends geht man erst ab zehn Uhr aus dem Haus – und trifft dann an jeder Ecke auf einen Astor Piazolla oder einen Carlos Gardel. Wann immer ich konnte, bin ich tanzen gegangen oder in eines der zahllosen Restaurants der Stadt, die hier ›Asados‹ genannt werden. Es geht sehr lebhaft zu in diesen Lokalen – riesengroße Steaks werden auf offenem Feuer gebraten. Hin und wieder habe ich auch das berühmte Teatro Colon besucht, in das man mit Abendgarderobe ging. Das alles gefiel mir ausgesprochen gut. Ich fühlte, wie ich regelrecht aufblühte. Man muß bedenken: Ich hatte ja seinerzeit noch nicht viel von der Welt gesehen. Aber ich war neugierig und wollte entdecken, soviel ich nur konnte.«

Ihre Entdeckung der ›Neuen Welt‹ kam für Mania Feilcke einem Crashkurs in Sachen Horizonterweiterung gleich. All die neuen Eindrücke, die sie als ›Mädchen vom Lande‹ in der großen Stadt zu verarbeiten hatte, fielen bei ihr auf einen fruchtbaren Boden. Mania, die früher nichts durfte, genoß ihre Freiheit in vollen Zügen. Was sich bereits im Kibbuz angekündigt hatte, setzte sich jenseits des Atlantik nur fort. Entbunden von allen einengenden Verpflichtungen erschien ihr die Welt wie ein Kramladen des Glücks, in dem man sich nur zu bedienen brauchte. Das war in Buenos Aires so und auch in New York, der Metropole des 20. Jahrhunderts, wo Mania im November 1973 eintraf. Man stelle sich eine junge Frau von fünfundzwanzig Jahren vor, die mit leichtem Gepäck und leuchtenden Augen am Ausgang des John-F.-Kennedy-Airports steht, um der Stadt, die niemals schläft, ihre Aufwartung zu machen. Tief durchatmen, und los geht's!

»Bei aller Vorfreude – New York löste anfangs schon einen mittleren Kulturschock bei mir aus. Schließlich kam ich aus einem kleinen Schtetl, in dem es zu meiner Zeit noch keine Ampel gab und in dem die Straßen noch nicht asphaltiert waren. Doch ich gewöhnte mich ziemlich schnell an meine neue Umgebung. Faszinierend an New York fand ich bei meiner Ankunft im November vor allem den Schnee, der die Stadt wie mit Zuckerwatte überzog. So etwas kannte ich aus Israel natürlich nicht. Und an die polnischen Winter meiner frühen Kindheit hatte ich nur eine dunkle Erinnerung. Hier in New York sah ich vor dem Rockefeller Center den größten Weihnachtsbaum der Welt, unglaublich hoch und über und über mit Lichtern und Zierrat bedeckt. In den Vereinigten Staaten ist ja alles größer und gewaltiger als anderswo auf der Welt. Die räumlichen Entfernungen ebenso wie die Cocktails oder eben die Weihnachtsbäume. In der Vorweihnachtszeit herrschte in der ganzen Stadt eine eigentümliche ›Jingle-Bells‹-Stimmung, die ich zwar ein bißchen kitschig fand, die aber zugleich sehr anheimelnd wirkte.

Daß ich mich so schnell an meine neue Umgebung gewöhnte, hatte glaube ich drei Gründe: Erstens bin ich ein sehr ehrgeiziger Mensch, der sehr motiviert an eine Sache herangehen kann. Wenn ich mir etwas in den Kopf gesetzt habe, dann will ich es auch schaffen. So habe ich beispielsweise zusätzlich zu meinem israelischen Abitur – auf das ich, nebenbei bemerkt, sehr stolz bin, weil unser Abitur einen sehr guten Ruf hat – nach meiner Ankunft in New York noch ein Highschool-Diplom gemacht, um die englische Sprache total zu beherrschen. Allerdings muß ich zugeben, daß ich in einigen Prüfungen ein bißchen gemogelt habe. Ich hatte mir von meinem Professor die Erlaubnis eingeholt, ein hebräisches Wörterbuch benutzen zu dürfen, um die Testfragen besser verstehen zu können. Und in dieses Dictionary habe ich dann auch Formeln und Antworten für meine Prüfung notiert – natürlich in Hebräisch, denn das verstand ja hier keiner. Ich konnte einfach abschreiben und niemand hat etwas bemerkt. Eigentlich hätte ich so etwas nicht nötig gehabt, denn ein ›gut‹ hätte ich in jedem Fall bekommen. Aber genau hier setzte mein Ehrgeiz ein: Ich wollte ein ›sehr gut‹, eine Benotung mit Auszeichnung.

Zweitens bin ich ein disziplinierter und fleißiger Mensch. Ich weiß, daß man sich, um bestimmte Dinge erreichen zu können, auf den Hosenboden setzen und etwas dafür tun muß – manchmal sogar mehr als andere. Und drittens hatte ich das Glück, von Anfang an in ein gesellschaftliches Umfeld integriert zu sein, das mir meinen Start in New York auf jede nur erdenkliche Weise erleichterte. Ich meine die Gesellschaft der amerikanischen Juden, die mich ohne Zögern herzlich aufgenommen und als gleichberechtigtes Mitglied in ihrem Kreis akzeptiert haben.

Anfangs wohnte ich auch hier ein Weilchen bei einem Verwandten, bei meinem Cousin Melvin Berg, genannt Mel, der Professor an der Columbia University war. Nach einiger Zeit habe ich mich dann mit einer jüdischen Agentur namens Sochnut in Verbindung gesetzt, die als eine Art Anlaufstelle fungierte und Neuankömmlingen mit Studienhinweisen oder durch Wohnungsvermittlungen weiterhalf. Auf diese Weise kam ich an eine relativ günstige Studentenwohnung, die ich mir mit einer Medizinstudentin teilte. Sie hieß Leah und hat wie ich neben ihrem Studium als Kellnerin, Kartenverkäuferin oder als Babysitterin gejobbt, um ihren Lebensunterhalt bestreiten zu können. Bei mir kam in dieser Zeit noch eine finanzielle Unterstützung hinzu, die ich regelmäßig von meinen Eltern in Israel erhielt. Und da der Dollarkurs damals einigermaßen O.K. war, war ich nie pleite.

Es gibt einen Begriff, mit dem man ein verwöhntes jüdisch-amerikanisches Mädchen bezeichnet: Die nennt man ›JAP‹, ›Jewish-American-Princess‹. Schon nach kurzer Zeit hatte man für mich etwas entsprechendes gefunden, nämlich ›JIP‹, ›Jewish-Israelian-Princess‹. Ich war ja von Hause aus alles andere als verwöhnt, deshalb genoß ich den Glamour der Großstadt. Ich hatte einfach Spaß an all den neuen Einflüssen, denen ich ausgesetzt war, und das merkte man mir auch an. Die jüdische Community in New York, deren Zentrum damals rund um die Park Avenue und die 5th Avenue lag, verfügt über ausgezeichnete und vielfältige Verbindungen. Auf diese Weise habe ich ziemlich schnell viele Leute kennengelernt. Und da ich mich, wie man sich vorstellen kann, nicht zurückgezogen, sondern auch hier den Kontakt zu neuen Bekannten gesucht und gefunden habe, konnte ich mein umgangssprachliches Englisch sehr schnell verbessern. Ich bin ja von Geburt an eine Plaudertasche, daran hat sich auch in der ›Neuen Welt‹ nichts geändert. Auch wenn's teilweise ein wenig holprig geklungen haben mag – eine Verständigung war in jedem Fall möglich. Außerdem nehmen es die Amerikaner in solchen Dingen nicht so genau. Hauptsache man versteht, was gemeint ist.«

Manias Feldforschungen im Melting Pot New York mit seiner multikulturellen Atmosphäre haben sich keineswegs auf die jüdische Society beschränkt. Schon durch ihr Medizinstudium an der renommierten Columbia University stand der Kontakt zu Nicht-Juden auf der Tagesordnung. Zu ihren Nachbarn zählten Kubaner, Puertoricaner, Italiener, Black Americans und viele andere ›United Colors‹. »Wir alle hatten etwas gemeinsam: Wir waren Imigranten, und wir waren stolz, Amerikaner geworden zu sein.« Dennoch empfand sie es als angenehm und vorteilhaft, sich in ein bestehendes soziales und kulturelles Gefüge integrieren zu können. »Während der Zeit meines Studiums in New York habe ich mich als Israelin sehr wohl gefühlt. Ich hatte von Anfang an den Eindruck, willkommen zu sein – die amerikanischen Juden haben mich mit offenen Armen aufgenommen und wie selbstverständlich an ihren gesellschaftlichen Aktivitäten teilhaben lassen. Ich hatte sogar die Möglichkeit, als Clinical Supervisor im Mount Sinai Krankenhaus zu arbeiten – einer großen, sehr bekannten und renommierten Klinik an der 5th Avenue, ganz in der Nähe des Central Parks und auch nicht weit von meiner Studentenwohnung entfernt. Dort wurde ich anderen Bewerbern vorgezogen, weil ich gute Voraussetzungen mitbrachte.

Als junge, attraktive und dynamische Israelin hatte ich natürlich auch gute Karten bei den jüdischen Ärzten – vor allem bei den Junggesellen unter ihnen! Es ist ja ein offenes Geheimnis, daß der Wunsch jeder jüdischen ›Mame‹ darin besteht, daß ihr Sohn ein ›Doktor‹ wird. Handelt es sich um ein Mädchen, dann ist es am besten, es heiratet einen Arzt – und zwar einen, der aus gutem Hause stammt, aus Scarsdale zum Beispiel, wo die ganz reichen jüdischen Familien wohnen. In Berlin müßte es dementsprechend Dahlem oder der Grunewald sein. Eine jüdische ›Mame‹ kann man sich ungefähr so wie eine italienische vorstellen – vielleicht noch ein bißchen drastischer. Die haben so ihre Vorstellungen, und man braucht schon selbst einen sehr langen Atem und ein gerüttelt Maß an Hartnäckigkeit und Daffke, um sie davon abzubringen.«

Da ihre Mutter jedoch weit weg war und Manias Eskapaden lediglich telephonisch und in abgemildeter Form vermittelt bekam, war sie für's erste vor deren bohrenden Nachfragen sicher. Telephongespräche zwischen New York und Israel waren teuer – ein Argument, das ihre Eltern sofort überzeugte – und daher eher selten. Etwa ein Jahr nach ihrer Ankunft in New York entschloß sich Mania zu einem Besuch in Israel. Diesmal allerdings sollte die Reise nicht mit dem Schiff, sondern per Flugzeug zurückgelegt werden. Das erschien auf den ersten Blick einfacher, war jedoch mit einer nicht unerheblichen Begleiterscheinung verbunden: Manias notorischer Flugangst. »Da ich nicht zu den V.I.P.'s zählte, war mit einem ›Upgrading‹ nicht zu rechnen. Ich hatte mir aber in den Kopf gesetzt, endlich einmal 1. Klasse zu fliegen, denn erstens war ich der Ansicht, es sei langsam an der Zeit, und zweitens habe ich mir vorgestellt, während der Transatlantikpassage einen ganz tollen Mann kennenzulernen. Na ja, was man sich halt so ausmalt. Ich hatte also genug Geld gesammelt und mich wunderschön angezogen. Da ich aber nun einmal Angst vor'm Fliegen habe, schien es mir vernünftig, vorher auch ein Valium zu nehmen, um die Sache halbwegs zu überstehen. Was soll ich sagen? Ich habe während des gesamten Flugs geschlafen. Und damit war beides Futsch. Weder hatte ich etwas von der 1. Klasse, noch habe ich irgendeinen Mann kennengelernt. Seitdem weiß ich: Flugangst lohnt sich nicht!«

Als Israelin, die längere Zeit in den USA gelebt hat, verfügt Mania Feilcke über zwei Personalausweise. Beide Länder haben ein

Abkommen geschlossen, nach dem Israelis unter den genannten Umständen ihren Paß behalten dürfen und zusätzlich einen US-amerikanischen bekommen. Würde sie heute einen deutschen Personalausweis beantragen, wäre diese Regelung natürlich hinfällig. »Ich habe eine unbegrenzte Aufenthaltsgenehmigung in Deutschland und fühle mich damit auch wohl. Es besteht für mich kein Grund, an diesen Verhältnissen etwas zu ändern. Nur wenn ich in einem Flugzeug sitze und mir vorstelle, es könnte gekidnappt werden, frage ich mich manchmal, welche Staatsangehörigkeit in solchen Situationen wohl die bessere wäre. Meistens richten sich solche Attentate ja gegen Israel oder gegen die Amis. Käme ich je in eine solche Lage – was Gott verhüten möge! -, so bliebe mir nur eine Entscheidung: ›Welchen der beiden Pässe schmeißt du jetzt besser weg!?‹«

In Israel angekommen, begann für Mania ein Verhör größeren Ausmaßes. »Meine Eltern wollten von mir etwas über die große Welt erfahren. Und zwar vor allem über die Rolle, die ihre Tochter darin einnahm. Natürlich habe ich nicht alles erzählt, aber für meine Mutter reichte es aus, um mir einige ernstgemeinte Ratschläge mit auf den Weg zu geben: ›Wenn du schon etwas trinkst‹, hat sie gesagt, ›dann behalte dein Getränk unbedingt im Auge, damit niemand von den Männern etwas reinmischen kann‹. Darauf habe ich später übrigens tatsächlich geachtet. Dann wollte meine Mutter noch wissen, ob ich manchmal in die Synagoge ginge? Nun hatte ich seinerzeit einen jüdischen Chirurgen kennengelernt, dessen Eltern Mitglieder einer Synagoge waren. Und so konnte ich meiner Familie wahrheitsgemäß, wenn auch mit einer wahrscheinlich etwas übertrieben Entrüstung berichten: ›Ja natürlich gehe ich in die Synagoge! Und zwar, wenn ihr's genau wissen wollt, in die erste Synagoge von New York!‹ Sie wollten es genau wissen und fragten mich weiter aus: ›Kind, triffst du auch viele Juden in New York?‹ Dahinter verbarg sich die Sorge, ich könne womöglich den Kontakt zu meinen Kreisen verlieren. Doch auch in diesem Punkt war es mir ein leichtes, ihre Befürchtungen zu zerstreuen. ›Selbstverständlich, ich verkehre fast ausschließlich mit Juden!‹ Das entsprach zwar nicht ganz der Wahrheit, schien mir aber kein allzu schwerwiegendes Vergehen zu sein, da ich ja tatsächlich einen regen Umgang mit den Brüdern und Schwestern meines Glaubens pflegte. Lieber natürlich mit den Brüdern. Besagter Chirurg brachte so ziemlich alles mit, was sich meine Mutter für einen Schwiegersohn gewünscht hätte. Er war jung, reich, jüdisch, außerdem war er Arzt, was – wie erwähnt – mit Abstand das Beste ist, was sich eine jüdische Mutter für ihre Tochter vorzustellen vermag. Ich bin auch mit ihm ausgegangen, schließlich tut man ja, was man kann. Aber leider war es doch nicht das Richtige. Irgendwie hatte ich immer die Tendenz, mir ausgerechnet solche netten jungen Männer auszusuchen, die weder jüdisch noch aus jüdischer Sicht ›standesgemäß‹ waren. Aber was sollte ich machen?

Wenn man Single ist, ist New York ein Erlebnis! Diese Stadt ist ideal für ›die Jungen, Reichen und Schönen‹. Das ist zumindest meine Erfahrung. Durch meine engen Kontakte zur jüdischen Upper Class war es mir auch möglich, einen Zugang zu den Kreisen der sogenannten White Anglosaxons zu bekommen, wie man die obere Gesellschaftsschicht in den Vereinigten Staaten bezeichnet. Die betuchten Juden wohnten der Regel in Scarsdale, in der Gegend von New England, wo sich zahlreiche Mitglieder der High Society angesiedelt haben. Ich besuchte die Emanuel-Synagoge in New York, von der ich meinen Eltern so stolz berichtet hatte und für deren Betreten man normalerweise viel zahlen muß. Durch meine romantische Verbindung zu zwei jüdischen Ärzten – zunächst besagter Chirurg, dann ein Psychiater – hatte ich das Privileg, hin und wieder an den Feiertagen dorthin eingeladen zu werden. Und diese beiden jungen Mediziner waren es auch, die mich in die White Anglosaxon Society einführten.«

Für diejenigen, die ihr nicht angehören, ist die High Society zunächst einmal nichts anderes als eine Vorstellung, die sich aus Glanz und Glamour zusammensetzt. Mania Feilcke lernte diese Welt in jenen schicken Restaurants und elitären Clubs kennen, in die sie ihre jüdischen wie nicht-jüdischen Verehrer mit Vergnügen begleitete. Gerade letztere, für die sie ohnehin eine gewisse Schwäche an den Tag legte, ermöglichten ihr den Zugang zu den Kult- und Weihestätten des vornehmen amerikanischen Establishments. In den Harvard Club etwa kam sie über einen jungen nicht-jüdischen Arzt, den sie im Mount Sinai Krankenhaus kennengelernt hatte. »Mit dem bin ich überhaupt in andere Clubs als mit unseren jüdischen Jungs gegangen. Als Harvard-Graduate war er automatisch Mitglied des Harvard Clubs, wo regelmäßig Vorlesungen, Weinproben oder ähnliches veranstaltet wurden. Es gab in New England auch einige Clubs, wo Juden und Schwarze ursprünglich gar keinen Zutritt hatten (›No Jews, no Blacks‹). Zu meiner Zeit waren diese peinlichen Reglementierungen allerdings schon weitgehend außer Kraft gesetzt. Ich hatte immer das Gefühl, ein gern gesehener Gast zu sein.

Das gleiche gilt für den legendären Club 21, ein beliebter Treffpunkt für gut betuchte Angehörige der High Society und als solcher ebenfalls eine geschlossene Gesellschaft (›Members only‹). Aber praktischerweise hatte ich im Mount Sinai Krankenhaus einen jüdischen Patienten, Senator Jarwitz, der mich dorthin mitgenommen hat. Im Club 21 habe ich unter anderem Jaqueline Kennedy kennengelernt, die ja bekanntlich gute Kontakte zur jüdischen Upper Class pflegte. Daß ich Israelin war, stellte also kein Problem für sie dar. Sie hatte wirklich Stil und Klasse! Für mich war sie damals die schickste Frau überhaupt, eine echte Ikone, die auf eine sehr schlichte Art und Weise ihren eigenen Trend gesetzt hat und die zugleich ihre Rolle als Mutter überzeugend ausfüllte. Wir kamen ins Gespräch und stellten bald fest, daß wir uns gegenseitig sympathisch waren. Später haben wir uns dann auf vielen Parties wiedergesehen und unsere Bekanntschaft ein wenig vertieft. Vom allgemeinen Geplauder, wie es in Clubs oder auf Parties eben üblich ist, sind wir nach und nach zu etwas übergegangen, was man landläufig als ›Frauengespräche‹ bezeichnet. Obwohl sie auf den ersten Blick sehr distanziert wirkte, war sie eine äußerst einfühlsame Frau, die auf alles eingehen konnte und sogar eine romantische Ader hatte. Man kennt Jackie Kennedy ja vor allem als Frau berühmter Männer. Aber sowohl emotional als auch materiell hat sie sich immer ihre Freiheit bewahrt. Mit der Rolle der Geliebten hätte sie sich nie zufriedengegeben. Das hätte ihr ausgeprägtes Selbstbewußtsein niemals zugelassen.

Hin und wieder sind wir auch zusammen joggen gewesen. Im Central Park, der ja gleich am Mount Sinai Krankenhaus begann. Aber was heißt joggen: ›Fast walking in the Park‹ haben wir unsere Kurztrips ins Stadtgrün genannt. Sie immer mit dunkler Sonnenbrille. Ich vermute, daß diese Brille, die man ja von zahllosen Pressefotos kennt, für sie in doppelter Hinsicht eine Schutzfunktion erfüllte: Sie verbarg sie vor der Welt und schirmte sie zugleich vor unliebsamen Zudringlichkeiten ab. Hinterher haben wir dann meistens noch einen Kaffee getrunken und dann ist jede wieder ihren ›normalen‹ Beschäftigung nachgegangen. Für mich waren diese Treffen natürlich schon etwas Besonderes. Die berühmte Jackie Kennedy, schwerreiche Witwe des 1963 ermordeten US-Präsidenten, rennt mit mir im Central Park herum! Wow! Aber bitte, weshalb eigentlich nicht? – schließlich habe mich nicht aufgedrängt!

Im Krankenhaus selbst lagen die Dinge so, daß man mich aufgrund meiner Sprachkenntnisse im V.I.P.-Bereich einsetzte. Hier habe ich unter anderem den Jazzschlagzeuger und Vibraphonisten Lionel Hampton kennengelernt, der für eine Weile mein Patient gewesen ist und den ich schon damals sehr bewunderte. Über die Jahre hat sich eine echte Freundschaft zwischen uns aufgebaut. Ich glaube, er hat mich damals irgendwie ins Herz geschlossen und so haben wir versucht, Kontakt zueinander zu halten, auch wenn das nicht immer einfach ist. Zuletzt habe ich ihn vor einigen Jahren auf dem Berliner Presseball gesprochen, wo er mit seinen inzwischen fast neunzig Jahren einige seiner bekanntesten Swing- und Rhythm & Blues-Nummern zum besten gab.«

New York war nicht nur in den siebziger Jahren eine partyverrückte Stadt, in der man ständig irgendwelchen Prominenten über den Weg laufen konnte, sofern man die richtigen Lokale kannte. Mania hatte sich in kürzester Zeit an das hohe Tempo gewöhnt und die Grundregeln verinnerlicht, nach denen das gesellschaftliche Leben der Metropole ablief. Sie kannte nicht nur die Orte, an denen man gesellschaftlich verkehrte, sondern wurde bald selbst zu einem Teil dieser Glitzer- und Glamour-Welt zwischen Carlyle Hotel, Dakota House und Club 21. »Im Dakota House habe ich Yoko Ono kennengelernt. John Lennon bin ich nicht persönlich begegnet, ich habe ihn aber live gehört, während eines riesigen Konzerts im Central Park. Von diesen beiden stammt eine Liedzeile, die für mich zu einem Motto oder besser zu einer Art Warnung geworden ist: ›Life is passing by, while you are busy making other plans!‹ – während du geschäftig Pläne schmiedest, geht dein Leben vorüber! Anstatt für eine Zukunft zu leben, die ohnehin immer anders aussieht, als man sich vorgestellt hatte, sollte man besser darauf achten, im Hier und Jetzt zuhause zu sein. ›Carpe diem!‹, ›Nutze den Tag!‹ – eine Devise, die ich im übrigen mit meinem heutigen Mann teile.

In dem bekannten Jazzlokal Elaine's bin ich eines abends über Freunde mit Woody Allen ins Gespräch gekommen. Er war genau so, wie man ihn aus seinen Filmen kennt – mit allen Merkmalen eines neurotischen jüdischen Amerikaners. Zunächst glaubt man, es sei alles nur eine Maske, ehe man feststellt: Der ist ja wirklich so! Ein ständig aufgeregter Großstadtneurotiker, ein Schussel, der nie im Leben von seinen Eltern loskommt und in jeder Beziehung seine Macken auslebt. Dennoch war es reizvoll, sich mit ihm zu unterhalten, über Israel zum Beispiel. Das interessierte ihn sehr. So anstrengend ein Smalltalk mit ihm auch sein mag – Woody Allen ist ein hypersensibler Zeitgenosse, dessen wacher Intellekt von einer sonderbaren Erotik des Geistes durchzogen ist. Ich mag mir nicht vorstellen, wieviele Psychiater er schon verschlissen hat. Später habe ich ihn gelegentlich auch in Michael's Pub getroffen, wo er einmal pro Woche in einer Jazzband Trompete spielte. Das ist ein Laden, den man sich so ähnlich wie die Paris Bar in Berlin vorstellen muß. Woody Allen ist ohne Zweifel eine faszinierende Person. Aber als Ehemann hätte ich einen wie ihn nicht geschenkt haben wollen. Macken habe ich schließlich selbst genug!«

Manias Besuche in der alten Heimat verdeutlichten in zunehmendem Maße die Kluft, die zwischen einem kleinen Schtetl auf dem Lande und dem auf Lifestyle ausgerichteten Leben in einer Metropole wie New York bestanden. Eine Distanz, die auch zu Verständnis- und Verständigungsschwierigkeiten zwischen Mutter und Tochter führen mußten. »Ich muß auf meine Mutter wie Alice aus dem Wunderland gewirkt haben. Sie mußte jedesmal, wenn ich nach Hause kam und begeistert von meinen Erlebnissen erzählte, alles erst einmal in Ruhe verarbeiten, denn für sie war diese Form des Namedropping einfach eine Nummer zu hoch. Sie konnte damit nichts anfangen. Andererseits muß ich sagen, daß meine gelegentlichen Besuche in Bet Shean auf mich wie eine Art Frischzellenkur gewirkt haben. Das Leben hier war so einfach, schlicht, bescheiden und unkompliziert. In New York wohnte ich an der fashionable East-Side, mein Appartment-Haus in der Madison Avenue hatte einen eigenen Portier, Eddie, der übrigens alle meine Affären mitbekommen hat und auch wußte, was er nicht unbedingt wissen sollte. Eddie hat auch Blumen von Verehrern für mich entgegengenommen und mich vor mancher Verabredung gerettet, indem er auf meinen Wunsch hin sagte, ich sei nicht da. Vor zwei Jahren, als ich meiner Tochter Vanessa die Schauplätze meiner New Yorker Zeit gezeigt habe, stand Eddie immer noch auf seinem Posten. Als er mich sah, war seine erste Frage: ›Are you Miss or

Mrs. or Dr. Mania?‹ Ich hatte nämlich seinerzeit die Absicht, zu promovieren, was Eddie natürlich bekannt war. ›Mrs. Mania – und statt eines Doktortitels habe ich meine dreizehnjährige Tochter mitgebracht.‹ Die beiden haben sich auf Anhieb verstanden.

Doch zurück zu dem kulturellen Graben, der sich jedesmal auftat, wenn ich meine Eltern besuchte. In New York aß ich im Plaza, verkehrte in der Oyster Bar, besuchte die tollsten Restaurants, die man sich vorstellen kann – doch kaum war ich in Israel gelandet, habe ich mich wie ein kleines Kind auf den ›gefillten Fisch‹ meiner Mutter gefreut, den sie für den Schabbat vorbereitete. Dieses karge Mahl bedeutete mir mehr als jedes Gourmet-Restaurant in New York. Ich glaube, diese Ambivalenz ist charakteristisch für mich. Einerseits diese luxuriöse, leicht durchschaubare Welt des schönen Scheins, die ich genossen habe und immer noch genieße, und auf der anderen Seite dieser bescheidene kleine Ort in Israel, dessen Gepflogenheiten und Konventionen ich mich für die Dauer meiner Besuche gerne anzupassen bereit war. Unter der Voraussetzung allerdings, daß ansonsten genügend Distanz zwischen diesem und meinem anderen Leben bestand.«

Vor einem Transatlantik-Flug von Europa nach New York sah Mania Feilcke am Flughafen einen, wie sie sagt »sehr gutaussehenden Mann mit vielen Bodyguards und Begleitern«, der offenbar in dieselbe Maschine wollte, wie sie. »Ich habe mir zunächst nichts weiter gedacht, nur interessiert geschaut, weil ein solcher Auftrieb natürlich die Neugierde weckt. Im Flugzeug saß ich in der Holz-Klasse, was anderes konnte ich mir damals nicht leisten. Keine Spur von dem attraktiven und ›wichtigen‹ Herrn, den ich in der 1. Klasse vermutete. Ich hatte gerade einen Spiegel in der Hand, um mich zu schminken, als ein Mann auf mich zukam und mich fragte: »How can you improve on perfection?« – Wie machen Sie das, ihre Schönheit noch zu steigern? Es war mein mysteriöser Mitreisender. Ich war ein wenig beschämt. Wir haben eine Unterhaltung in englischer Sprache begonnen, ein wenig geplaudert – und plötzlich war er wieder verschwunden. Zwanzig Minuten später kam eine Stewardess, die sich nach meinem Namen erkundigte und mir eröffnete, daß ich auf Veranlassung dieses Mannes in die 1. Klasse umgebucht worden sei. Das war für mich natürlich etwas ganz Besonderes – und diesmal ganz ohne Valium!

Nun fand ich mich also wachen Geistes neben diesem netten, gutaussehenden Herrn wieder, der perfekt englisch sprach. Er erzählte, daß er Deutscher sei und in Köln wohne. Im Unterschied zum Englischen war mein deutsch sehr stark mit jiddischen Elementen durchsetzt, so daß wir es zunächst einmal beim Englischen belassen haben. Das sei ja interessant, habe ich geantwortet, ich hätte zwar schon viel über Bonn gehört, aber in Köln sei ich bisher noch nicht gewesen. Ich hatte ihm bereits erzählt, daß ich Israelin sei – was ihn offenbar sehr interessierte -, die in New York Medizin studierte. Und nun wollte ich wissen, was er beruflich mache. Seine Antwort war ebenso zurückhaltend wie diplomatisch. Er sei, sagte er, ein internationaler Jurist, was, wie ich später erfuhr, von der Sache her auch stimmte. Er hatte in der Tat eine juristische Ausbildung absolviert, nur sagte das relativ wenig über seine gegenwärtige Tätigkeit aus.

Es war ein Spätabendflug. Als wir am John-F.-Kennedy-Airport in New York gelandet waren, habe ich meine Telephonnummer für ihn auf ein kleines Zettelchen notiert – ich hatte keine Visitenkarte. Er selbst wohne für ein paar Tage im Plaza Hotel. ›Aha, dachte ich bei mir, wieder 1. Klasse. Da hast du ja einen ganz Tollen erwischt!‹ Er war zwar erkennbar zwanzig Jahre älter als ich, mit meinen damals sechs- oder siebenundzwanzig Lenzen, aber das interessierte mich relativ wenig. Am Airport mußten wir uns alle zur Kontrolle anstellen. Ich befand mich ganz am Ende der Schlange, als ich beobachtete, daß ein Haufen Polizisten kam und meinen charmanten Flugbegleiter mitnahm. Ich war vollkommen perplex und regelrecht erschüttert. Und in diesem aufgewühlten Zustand bin ich dann in Richtung City gefahren, ohne zu wissen, was am Flughafen vorgefallen war. Meine Freundin Media, eine schwarze Amerikanerin, die mit mir Medizin studierte und übrigens noch heute zu meinen besten Freundinnen zählt, nahm die Sache offenbar auf die leichte Schulter: ›So so, hast du also wieder mal ein Pick up erwischt‹, doch ich war nachhaltig beunruhigt: ›Ja, sicher. Aber diesmal ist was Schlimmes passiert! Die Polizei hat ihn mitgenommen!‹ ›Am Ende war das ein Verbrecher – oder weiß Gott was!‹, sagte Media. ›Keine Ahnung, aber trotzdem mache ich mir Sorgen.‹

Ich wohnte damals alleine, und als meine Freundin erfuhr, daß ich diesem Unbekannten, der vielleicht ein international gesuchter Krimineller war, leichtsinnigerweise meine Adresse und Telephonnummer preisgegeben hate, wurde sie regelrecht ausfallend: ›Ja bist du den wahnsinnig? So was macht man doch nicht!‹ Aber was sollte ich machen, es war geschehen und ich konnte es nicht mehr rückgängig machen. Und irgendwie hatte ich das Gefühl, daß ich das auch gar nicht wollte. ›Laß uns mal abwarten‹, habe ich zu Media gesagt. Dann hat sie mich nach Hause gebracht und wir haben noch lange über Europa geplaudert. Ende des ersten Akts.

Schon am nächsten Tag klingelte in meinem Appartment das Telephon. Der große Unbekannte war am Apparat. Er wolle mir mitteilen, daß er jetzt im Plaza sei. Ob ich nicht Lust hätte, ihn zu treffen. Ich war empört und habe ihn gefragt, was er sich eigentlich einbilde, mich derart im Ungewissen zu lassen. Er möge mir doch bitte einmal sagen, was hier eigentlich los sei. Seine Antwort war folgende: Er befinde sich auf einem Sonderbesuch im Auftrag der bundesdeutschen Regierung in New York. ›Na ja‹, sagte ich, ›aber ein internationaler Jurist ist doch normalerweise nicht mit einem solchen Begleiterstab unterwegs.‹ ›Tja‹, erwiderte er, ›so ist das eben manchmal in meinem Business. Daran kann ich leider nichts ändern.‹ Ende des zweiten Akts.

Nach ein paar Tagen, nachdem er von einer Dienstreise nach Washington zurück in New York war, hat er sich erneut bei mir gemeldet. Es stellte sich heraus, daß er ein großer Jazz-Fan war, und ich kannte ein paar sehr gute Jazz-Lokale. Mein persönlicher Favorit unter diesen Kneipen war Elaine's, wo viele Künstler, Journalisten und Schauspieler verkehrten. Dort war ich so eine Art Stammgast und dachte bei mir: ›Jetzt werde ich diesem wichtigen Herrn mal zeigen, was ich in New York so alles kenne!‹ Ich habe im Elaine's einen Tisch reserviert, wurde herzlich begrüßt und mein Begleiter aus der 1. Klasse staunte nicht schlecht. Was er beruflich machte, wußte ich allerdings immer noch nicht. Nachdem er mich nach Hause gebracht hatte, wollte ich ihn auf einen Drink in meine Wohnung einladen.

Seine Reaktion war die eines Gentleman: ›Ich glaube, das holen wir später nach!‹ Er komme schließlich öfter nach New York und Washington. Und falls ich einmal den Wunsch hätte, nach Deutschland zu reisen oder Köln kennenzulernen, solle ich es ihm vorher sagen. Ende des dritten Akts.

Wir haben dann ein paar Mal miteinander telephoniert, und eines Tages war er wieder in New York. Wie bei unserer ersten Begegnung sind wir ausgegangen – diesmal in die teuersten Restaurants – und haben uns angeregt unterhalten. Nur daß er mir partout nicht erzählen wollte, was er beruflich machte, fand ich schon etwas verdächtig. Es könnte ja, habe ich ihm gesagt, auch etwas Illegales sein. Was wußte ich denn schon? Diese Befürchtung schien ihn zu überzeugen. Außerdem kannten wir uns ja inzwischen ein wenig. Ich nehme an, daß er bereits ein gewisses Vertrauen zu mir entwickelt hatte. Und so hat er mir schließlich mitgeteilt, er sei der Präsident des Bundesamtes für Verfassungsschutz in Köln. Er hatte bereits eine erfolgreiche Karriere hinter sich. Fünf Jahre lang war er Leiter der Abteilung Beschaffung/Auslandsspionage im Bundesnachrichtendienst in München gewesen, ehe er 1975 zum obersten Verfassungsschützer der Bundesrepublik berufen wurde. Als wir uns in New York kennenlernten, war er noch fest im Sattel.

Deswegen also die Geheimniskrämerei! Da zu seinen Aufgabengebieten unter anderem die Spionageabwehr zählte, unterhielten wir uns auch über seine engen Kontakte zum israelischen Geheimdienst. ›Und woher willst du wissen, daß ich nicht für den Mossad arbeite?‹, habe ich ihn gefragt. Was meine Schönheit und Intelligenz angehe, so seine Antwort, sei das ja durchaus vorstellbar, aber bei meinem unablässigen Geplauder ... das könne nicht sein! Meine Redseligkeit war ja auch tatsächlich einer der Gründe gewesen, weshalb mich der Mossad damals nicht genommen hat. Natürlich hatte er schon vor Beginn unserer Affäre Erkundigungen eingezogen, um sicherzugehen, daß ich ungefährlich war. Nun mußte ich also feststellen, daß ich das Sicherheitsrisiko darstellte – und nicht etwa mein unbekannter Mitreisender, der am Flughafen von der Polizei in Empfang genommen wurde. Eine späte, aber nicht zu späte Erkenntnis. Ende des vierten Akts.

Ich habe ihn dann auch des öfteren in Deutschland besucht, wenn auch natürlich nicht in seinem gesicherten, vergitterten und bewachten Amtssitz in Köln. Das kam nicht in Frage. Er war zu dieser Zeit auch verheiratet. Stattdessen haben wir uns bei unserer ersten Begegnung außerhalb von New York in der Kölner Innenstadt verabredet, auf neutralem Boden sozusagen. Ganz in der Nähe des Kölner Doms befindet sich das Bristol Hotel, wo wir uns getroffen haben, um hinterher in ein sehr elegantes Restaurant, Chez Alex, zu gehen. Dort waren wir um die Mittagszeit die einzigen Gäste. Da ich vorher einkaufen war – der Dollarkurs war damals sehr günstig -, hatte ich ziemlich viele Einkaufstüten dabei, die ich ihm in aller Unbefangenheit zur Begrüßung halb entgegenwarf. Auf meinen Versuch, ihn zu küssen, reagierte er entgegen meinen Erwartungen abweisend und kühl. Ich wußte damals noch nicht, daß er auch bei dieser Gelegenheit einige Bodyguards bei sich hatte und es ihm unangenehm war, in aller Öffentlichkeit von mir geküßt zu werden. In dem leeren Restaurant war offenbar alles für ein umfangreiches Menü vorbereitet und arrangiert: Vier Messer auf der einen, vier Gabeln auf der anderen Seite des Tellers. Das war ich aus meinem Kibbuz ein bißchen anders gewohnt. Nach meinen einschlägigen New Yorker Erfahrungen bedeutete ein solches Lunch aber keine allzu große Herausforderung für mich. Allerdings habe ich sehr wenig gegessen, weil ich so aufgeregt war. Hinterher, nachdem wir uns für den Nachmittag getrennt hatten, bin ich auf direktem Wege bei McDonald's eingefallen, weil ich einen Mordshunger hatte. Ich saß am Fester, in der einen Hand ein fetter Burger und in der anderen eine große Cola. Just in diesem Moment kommt mein Liebhaber am Fenster vorbei, sieht mich, die ich vorher kaum etwas angerührt hatte, futtern wie ein Scheunendrescher, kommt rein, gibt mir einen Kuß auf die Stirn und geht. Ende des fünften Akts, Vorhang, Applaus!

Soviel zu dieser Affäre, die so schön begonnen und weniger schön geendet hat. Ich habe ihn immer als verheirateten Mann gesehen, deshalb habe ich nicht so richtig mitgezogen. Außerdem soll man aufhören, wenn's am Schönsten ist. Wir hatten einen sehr intensiven, vertrauensvollen Briefwechsel. In einem seiner Briefe stellte er fest: ›You didn't want to go to far.‹ Das war richtig beobachtet, obwohl es eigentlich nicht meiner Art entspricht. Ich scheue an sich kein Risiko und keine Hindernisse. In diesem Fall lagen die Dinge allerdings ein wenig anders: An einem verheirateten Mann hatte ich kein wirkliches, ernsthaftes Interesse, obwohl mein Liebhaber außerordentlich seriös und mir gegenüber auch loyal gewesen ist. Das ist es im übrigen, was ich an deutschen Männern so schätze: Seriosität und Loyalität. Die Israelis oder die Latin Lovers mögen fröhlicher und leidenschaftlicher sein als deutsche Männer, aber sie sind mir eben auch nicht seriös genug.

Ich bin jemand, der am liebsten alles sofort bekommt – lieber gestern als heute, aber spätestens heute! Und das Verhältnis zu meinem Verfassungsschützer, das mehr oder weniger im Geheimen stattfand, erschien mir auf die Dauer schlicht zu kompliziert. Ich wollte, wie es im jiddischen heißt, Tacheles, klare Verhältnisse, und unsere Situation war alles andere als klar. Folglich war es besser, einen Schlußstrich zu ziehen, als weiter im Unbestimmten auszuhalten. Es war meine erste Begegnung mit einem deutschen Mann, der mir damals sehr imponierte. Aber für ein solches Leben war ich nicht geschaffen. Denn es hätte ein dichtes Geflecht von Lügen und Abhängigkeiten mit sich gebracht, in allen Bereichen.

Ich wollte von niemandem abhängig sein, denn Abhängigkeit macht unfrei. Seine persönliche Freiheit sollte man sich unbedingt erhalten. Ich war nach New York gekommen, um meinen eigenen Weg zu gehen. Jung und ehrgeizig wie ich war, hatte ich mir einiges vorgenommen. Und ich wußte: ›If you can make it there, you can make it everywhere!‹ – Wenn ich es hier, in ›Big Apple‹, schaffen würde, dann könnte ich es überall schaffen. Eine Stadt als Herausforderung, sein Leben in die eigenen Hände zu nehmen – das ist New York. Eine Schule des Lebens, in der man untergehen oder sich behaupten und durchsetzen kann. Das Leben birgt immer die Möglichkeit zu scheitern. Na und?«

Mania Feilcke

Ein Leben in Bildern

Mania Feilcke, 2001

Mit ihrer Mutter in Legnica, um 1952

Leon, Mania und Lotka Keller, Legnica 1954

Mit Tochter Vanessa zu Besuch in Legnica, 1992

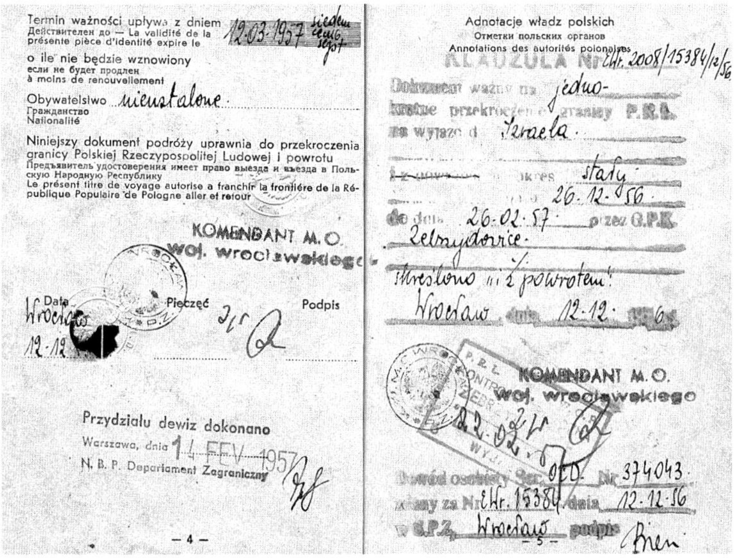

Termin ważności upływa z dniem 12.03.1957 siedem-dziesiąt siedem
Действителен до — La validité de la présente pièce d'identité expire le
o ile nie będzie wznowiony
если не будет продлен
à moins de renouvellement

Obywatelstwo nieustalone
Гражданство
Nationalité

Niniejszy dokument podróży uprawnia do przekroczenia granicy Polskiej Rzeczypospolitej Ludowej i powrotu
Предъявитель удостоверения имеет право выезда и въезда в Польскую Народную Республику
Le présent titre de voyage autorise à franchir la frontière de la République Populaire de Pologne aller et retour

KOMENDANT M.O.
woj. wrocławskiego

Data Wrocław 12.12. Pieczęć Podpis

Przydziału dewiz dokonano
Warszawa, dnia 14 FEV 1957
N. B. P. Departament Zagraniczny

— 4 —

Adnotacje władz polskich
Отметки польских органов
Annotations des autorités polonaises

KLAUZULA Nr EHr. 2008/15384/12/56

Dokument ważny na jedno-krotne przekroczenie granicy P.R.L.
na wyjazd do Izraela.
na okres stały
26.12.56.
do dnia 26.02.57 przez G.P.K.
Zebrzydowice.
skreślono „i z powrotem".
Wrocław dnia 12.12.1956

KOMENDANT M.O.
woj. wrocławskiego

Dowód osobisty Ser. OED. Nr 374043.
wymieniony za Nr EHr. 15384 dnia 12.12.56
w G.P.Z. Wrocław podpis

— 5 —

Ausreisestempel in Lotka Kellers polnischem Reisepaß

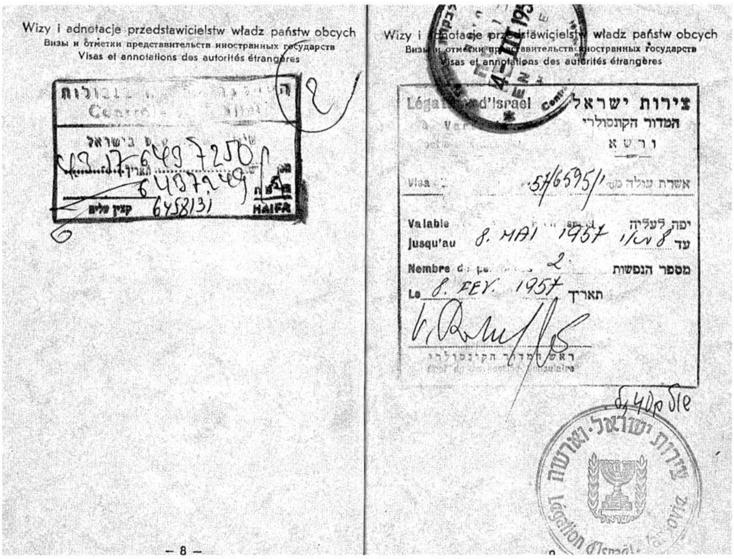

Wizy i adnotacje przedstawicielstw władz państw obcych
Визы и отметки представительств иностранных государств
Visas et annotations des autorités étrangères

HAIFA

— 8 —

Wizy i adnotacje przedstawicielstw władz państw obcych
Визы и отметки представительств иностранных государств
Visas et annotations des autorités étrangères

Légation d'Israel — צירות ישראל
המדור הקונסולרי
ורשא

Visa 5/6595/ אשרת עולה מס׳
Valable Jusqu'au 8. MAI 1957 יפה לעליה עד
Nombre de personnes 2 מספר הנפשות
Le 8. FEV. 1957 תאריך

ראש המדור הקונסולרי

צירות ישראל ורשה
Légation d'Israël Varsovie

— 9 —

Einreisebestätigung der israelischen Behörden

Mania (u.r.) in der Schule von Bet Shean, im Hintergrund ihr Lehrer Moshe

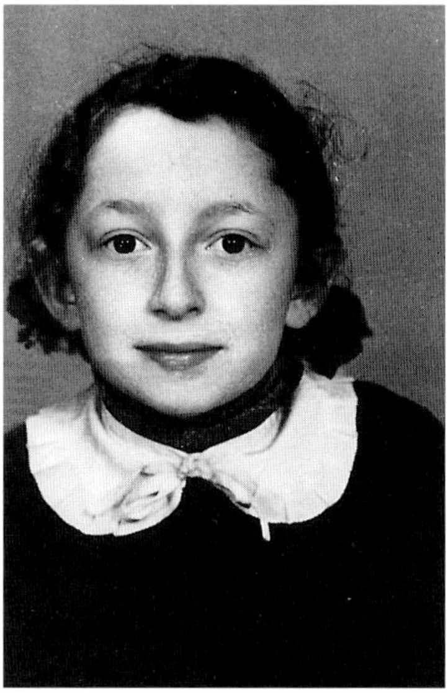

Portraitaufnahme, um 1958

Römisch-byzantinische Ausgrabungsstätte in Bet Shean

Als OP-Krankenschwester in Israel

Auf einem Panzer der israelischen Armee

Bei der Truppe, Santa Katharina 1967

Am See Genezareth, 1983

Mit Beduinen auf dem Markt von Ber Sheva, 1983

Am Grab der Eltern, Bet Shean 1993

Auf dem Weg zur Klagemauer, Jerusalem 2000

Manias Graduation, New York 1978

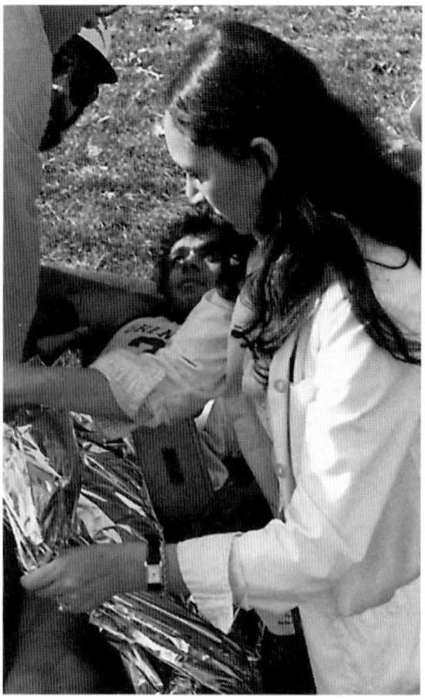

Medizinische Versorgung beim New York Marathon

Metropolitan Museum, New York 1980

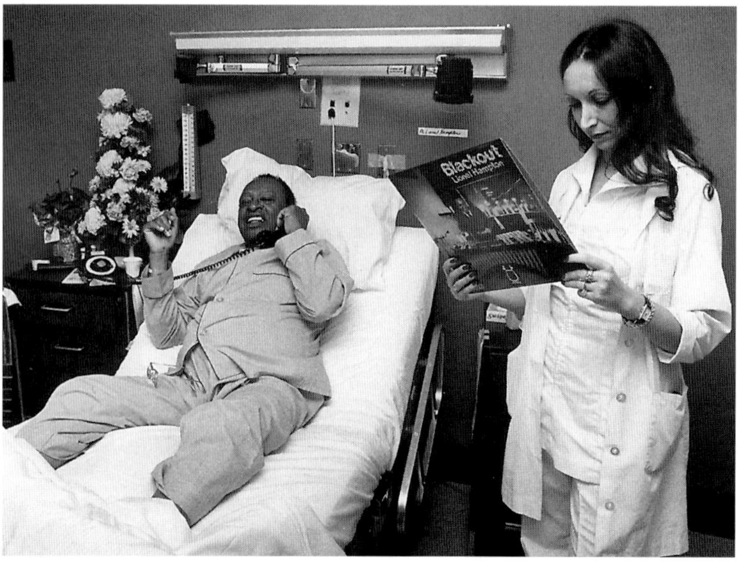

Mit Lionel Hampton, Mount Sinai Hospital, New York 1978

Manias Hazienda nahe der ecuadorianischen Hauptstadt Quito

Mit Vanessa im Erdbebengebiet von Armero, Kolumbien 1985

Manias Villa in Accra, der Hauptstadt Ghanas

Bei ghanaischen Eingeborenen, Accra 1987

Bischof Martin Kruse bei der Trauung von Mania und Jochen Feilcke, Berlin 1990

Gemeinsame Geburtstagsfeier von Mania Feilcke und Christiaan Barnard, 1998

Weihnachtsfeier mit Tochter Vanessa

Jochen und Mania Feilcke mit Lilli und Estrongo Nachama

Mit den Diplomatenfrauen bei Christo, der sein »Wrapped Reichstag«-Projekt erläutert, Berlin 1995

Mit Christiane Herzog und Monika Diepgen, Berlin 1995

Mit dem israelischen Botschafter Avi Primor und seiner Frau Ziona, Berlin 1996

Mit der Frau des russischen Präsidenten, Ludmila Putina (4.v.r.), in der russischen Botschaft, Berlin 2000

Der Diplomatenclub zu Besuch im Bundeskanzleramt, Berlin 2001

Ein Kaktus als Weihnachtsbaum
Wanderjahre in Ecuador, Kolumbien und Ghana (1981-1989)

New York war für Mania Feilcke eine prägende und nachhaltige Erfahrung, die sie bis heute nicht missen möchte. Aber es war gewiß nicht der einzige Ort, an dem sie sich ein glückliches und erfülltes Leben vorzustellen vermochte. Anderswo mochte das ebensogut gehen. ›The Big Apple‹ hatte einiges zu bieten für eine ›junge israelische Prinzessin‹, die in relativ kurzer Zeit ihren Platz innerhalb der jüdischen wie auch der nicht-jüdischen Gesellschaft von New York gefunden hatte, die Spaß daran hatte, in teure Restaurants zu gehen und auf Parties mit prominenten Zeitgenossen zu plaudern. Doch was bedeutete das alles? War es nicht im Grunde entbehrlich? Und wäre es ihr unter anderen Vorzeichen, in einem anderen Land mit einer anderen Kultur nicht ebenso leicht gefallen, sich zu behaupten? Eine hypothetische Frage, gewiß. Aber nur deshalb, weil sie sich bis zu diesem Zeitpunkt noch nicht gestellt hatte. Es bedurfte erst eines äußeren Anlasses, um die Spur der Nichtseßhaftigkeit, des Nomadenhaften in ihrer Biographie erkennbar werden zu lassen. Eines Anlasses, wie er einleuchtender kaum hätte sein können. Sie hatte einen Mann kennengelernt, sich in ihn verliebt und ihn schließlich geheiratet. Und dann ist sie mit ihm zusammen fortgegangen. So einfach war das. Doch der Reihe nach ...

»Ich hatte schon immer eine gewisse Neigung, mich mit nicht-jüdischen Männern zu umgeben. Ein typisches Beispiel für diese Tendenz war mein erster Ehemann, den ich über meine amerikanische Freundin Carmen in New York kennengelernt habe. Carmen war, wie der Name schon sagt, ebenfalls eine Immigrantin, eine bildhübsche junge Frau aus Puerto Rico, die regelmäßig bei ihren deutschen Freunden in München und Düsseldorf zu Besuch gewesen ist. Na ja, und eines Tages kommt sie zu mir und erzählt mir in den höchsten Tönen von einem Kerl, dem Stiefbruder ihres damaligen Freundes, den ich unbedingt kennenlernen müsse: ›He's a german, but a real nice guy!‹ Als müsse das bei deutschen Männern eigens betont werden.

Ich war seinerzeit bestimmt nicht darauf aus, jemanden für's Leben kennenzulernen. Aber dann habe ich mich doch überreden lassen und bin zu dem verabredeten Treffpunkt im Rockefeller Center mitgegangen. Carmen hatte nicht zuviel versprochen. Wie sich herausstellte, stammte er aus einer sehr guten, bürgerlichen Familie, die ihn auf ein angesehenes Internat, die Salem-Schule, geschickt hatte. Seine Eltern waren sehr wohlhabend, Kaviar und Champagner waren in diesem Haushalt vollkommen normal. Außerdem war seine Mutter eine begeisterte Reiterin. Ich erfuhr, daß eine bestimmte Lipizaner-Art eigens von Ungarn nach Lennep bei Krefeld geliefert wurde, wo die Familie eine riesige Villa besaß. Ich selbst kannte mich zwar mit Kamelen ganz gut aus, aber die Rituale der Wiener Reitakademie waren für mich eine fremde Welt. Der einzige Sprößling dieser Familie, dem ich nun im Rockefeller Center gegenübersaß, fuhr natürlich einen standesgemäßen Porsche – den er später übrigens ebenso standesgemäß gegen eine Wand gesetzt hat.

Wie viele Söhne aus guter Familie hatte er nach der Schule ein Politologie-Studium am Otto-Suhr-Institut der Freien Universität Berlin absolviert und sich der Achtundsechziger-Bewegung angeschlossen, die ja seinerzeit gerade in Berlin breite Kreise zog. Das hat ihn aber nicht davon abgehalten, nach seiner ›rebellischen‹ Studienzeit als Repräsentant der FDP-nahen Friedrich-Naumann-Stiftung nach Ägypten zu gehen. Auch wenn es ein wenig despektierlich klingen mag: Ich habe keine Veranlassung, diesen durchaus typischen Karrieresprung zu kritisieren. Er war ein wohlerzogener, loyaler und überaus charmanter junger Mann, der mich faszinierte und zu dem ich mir eine engere Bindung schon bei unserem ersten Treffen in New York sehr gut vorstellen konnte. Und so ist es dann ja auch gekommen. Wir wurden ein Paar und haben uns ziemlich schnell entschlossen, zu heiraten.«

Eine Schwierigkeit dieser deutsch-israelischen Beziehung bestand freilich darin, daß sie sich die meiste Zeit über große räumliche Entfernungen zu bewähren hatte. Da Israel zur damaligen Zeit noch keine diplomatischen Beziehungen zu Ägypten unterhielt, war es für Mania nicht möglich, ihrem Lebensgefährten nach Kairo zu folgen. »Erst nach unserer Heirat in New York im Sommer 1981 hat er nach langjähriger Tätigkeit in Ägypten aus Liebe zu mir die Naumann-Stiftung verlassen und eine Stellung als Beauftragter des Deutschen Roten Kreuzes in Ecuador angenommen. Das war der Zeitpunkt, an dem ich mich von New York verabschiedete. Ich hatte hier wunderbare Jahre verlebt; als sich jedoch meinem damaligen Mann die Perspektive eines beruflichen Neubeginns in Lateinamerika bot, habe ich keinen Moment gezögert, meine Koffer zu packen und mich ihm anzuschließen. New York war großartig, aber das galt bestimmt auch für andere Städte!«

Wie hieß es doch in dem Sinatra-Song: Wenn du es hier schaffst, dann kannst du es überall schaffen! Das würde sich jetzt beweisen. New York war die Nagelprobe, Quito – Manias erste Station in Lateinamerika als begleitende Ehefrau ihres frisch angetrauten Gatten – sollte den Beweis dafür liefern, daß man überall auf der Welt glücklich und erfolgreich sein kann, solange die Einstellung stimmt. Es kam für Mania weniger darauf an, was sie tat oder wo sie es tat, entscheidend war vielmehr das Wie. Und da spielte es eben eine untergeordnete Rolle, ob sie in einer der nervenaufreibendsten Metropolen des 20. Jahrhunderts oder unter Indios in der Nähe des Äquators lebte.

»Ich will nicht übertreiben, aber dieser Wechsel meines Wohnsitzes war für mich ein wirklich großer Schritt. Als ich von Israel nach New York kam, konnte ich mir ungefähr vorstellen, was mich dort erwarten würde. Hier lagen die Dinge ein wenig anders. Ich zog um in eine mir vollkommen unbekannte Welt. Ich hatte keine Ahnung, was mich in Ecuador erwartete, aber meine Neugierde überwog alle Befürchtungen. Und so fand ich mich schließlich mit zwölf Koffern – alles Kleidung! – in einem Flugzeug der Linie Ecuadoriana wieder.

Die Hauptstadt Ecuadors und der Provinz Pichincha liegt in einer Höhe von 2.850 Metern über dem Meeresspiegel. Während des Flugs habe ich mir von einem deutschen Diplomaten an Bord erzählen lassen, daß der Flughafen von Quito nicht ganz einfach anzufliegen sei. Durch die Höhe der Berge in den Anden und eine hohe Nebelbildung in diesem Gebiet müsse die Maschine einen besonderen Anflug auf den Flughafen nehmen. Das könne nicht jeder. Bis nach Carracas wurde unsere Maschine von Lufthansa-Piloten gesteuert, dann übernahmen speziell ausgebildete Piloten das Kommando, die sich mit den topographischen Gegebenheiten auskannten. Außerdem war der Flughafen nur bis sieben Uhr abends geöffnet – dann war Feierabend, und man konnte sehen, wo man blieb. Und als seien das nicht bereits genug Horrorszenarien, setzten auf einmal auch noch schwere Turbulenzen ein, vor denen ich mich beim Fliegen am meisten fürchte. Es sind nicht die Starts oder Landungen – es sind die unerwarteten Schwankungen unterwegs, die mich nervös machen. Ich wurde ordentlich durchgeschüttelt, aber mein Verstand arbeitete klar. Meine einzige Sorge war: Was passiert mit meinen vielen Koffern und meinen Klamotten!?«

Quito, eine Stadt mit mehr als einer Million Einwohnern am Fuß des Vulkans Pichincha, ist das industrielle wie auch das kulturelle Zentrum Ecuadors. Die Stadt wurde 1534 an der Stelle des ehemaligen indianischen Reiches der Cara unter dem Namen San Francisco de Quito gegründet und ist damit die älteste Hauptstadt Südamerikas. Neben zwei Universitäten aus dem 17. und 18. Jahrhundert finden sich zahlreiche Kirchen und Klöster aus unterschiedlichen Epochen – »many Churches and viele Cloisters«, wie Mania Feilcke sagt. Die berühmte Kathedrale von Quito aus dem 16. Jahrhundert wurde 1757 zerstört und später in alter Form wiederaufgebaut.

»Nachdem ich wider Erwarten glücklich und unbeschadet gelandet war, stellte ich rasch fest, was für eine wunderschöne Stadt Quito war. Die Landschaft hier in den Anden ist von einer überwältigenden Schönheit. Zwischen den Hängen des Pichincha erstreckt sich ein langes Tal bis hinab zum Tal von Guápulo. Der alte Teil von Quito wird als Colonial-Shell bezeichnet. Fast alle Häuser wurden hier im Kolonialstil gebaut. Es sind traditionelle Gebäude mit Patios, die unter Denkmalschutz stehen. Aber natürlich gibt es in einer Millionenstadt mit einem großen sozialen Gefälle auch Zeugnisse modernerer Architektur, über die man geteilter Meinung sein kann. Quito insgesamt, wie auch die zu Ecuador gehörenden Galapagos-Inseln, stehen unter dem Schutz der UNESCO. Südwestlich des Colonial-Shell erstreckt sich ein großer Dschungel, der Oriente genannt wird. Hier treiben die indianischen Ureinwohner ihren Handel mit Textilien und Töpferwaren und pflegen ihre alten Traditionen. Ein ganz besonderer Stamm nennt sich Santo Domingo of the Colorados – das sind Indianer mit roten Haaren, die ihre Haut rot bemalen und teilweise auch Masken tragen. Die Santo Domingo betreiben vor allem Kunsthandwerk, und ich hatte den Eindruck, daß sie mit Spaß und Kreativität bei der Sache sind. Da mein Spanisch sehr gut war – noch heute spreche ich besser spanisch als deutsch -, konnte ich mich ausgezeichnet verständigen. Im Dschungel des Amazonasgebiets habe ich auch viel über ethnische und rassische Unterschiede erfahren, denn in einer Gesellschaft, in der Tradition und Modernität so unmittelbar nebeneinander existieren, ist ein solches Thema an der Tagesordnung.«

Wie viele international tätige Hilfsorganisationen war auch das Deutsche Rote Kreuz im Amazonasgebiet im Einsatz. »Wir trafen dort auf Mitarbeiter des Deutschen Entwicklungsdienstes, der UNESCO und von UNICEF, außerdem auf Geologen, Anthropologen und Homöopathen aus aller Herren Länder. Es herrschte ein reges Treiben im ecuadorianischen Dschungel. Aber auf diese Weise wurde ich unmittelbar mit den Problemen des Landes konfrontiert. Wir haben die Hütten der Eingeborenenstämme besucht und mit ihnen gegessen – was mich manchesmal einige Überwindung gekostet hat. Unser Fortbewegungsmittel war ein schlichtes Kanu, das von Krokodilen begleitet wurde. Ständig schwebte man in Gefahr. Aber dadurch, daß sie im Dschungel allgegenwärtig war, konnte man sich auch leichter an die Angst gewöhnen. Statt im Plaza übernachteten wir in einfachen Hütten, umgeben von dichtmaschigen Moskitonetzen. Und wenn ich nachts nicht einschlafen konnte, ging mir nicht selten durch den Kopf, daß ich mich noch vor kurzem in der wohlerzogenen, verwöhnten Gesellschaft der New Yorker High Society herumgetrieben hatte, ohne zu ahnen, was hier unten auf mich zukommen und wie groß die Distanz zwischen diesen beiden Welten sein würde.

Was mich in Quito besonders beeindruckte, war der große Markt von Ottavallo, der übrigens weltbekannt ist. Die Ottavallenas – so heißt der Stamm, der hier Handel und Gewerbe treibt – werden als ›die Juden von Ecuador‹ bezeichnet. Das hat mich natürlich gleich hellhörig gemacht. Dieser Indiostamm gilt als hochintelligent und ist es offenbar auch, denn er macht das ganz große Business mit dem Tourismus. Der Markt von Otavallo bietet neben Kunstgewerbe und farbenfrohen indianischen Textilien allen möglichen Nippes an, den sich die Touristen zuhause auf den Kamin stellen können. Das ist ein regelrechter Industriezweig, auf dem sich glänzende Geschäfte machen lassen. Und deswegen sagen die Ecuadorianer: ›Die Ottavallenas sind unsere Juden‹, ›The Jews of Ecuador‹. Findige, clevere Geschäftsleute, die einen Markt entdeckt und konsequent genutzt haben.

Seltsamerweise ist die Musik dieses Stammes sehr melancholisch. Ich habe oft an den rituellen Festen der Ottavallenas teilgenommen, bei denen die Indios zu ihrer Musik bestimmte Tänze vorführten – ebenfalls sehr zur Freude der Touristen. Als passionierte Tänzerin habe ich da mitgemacht, wann immer ich konnte. Ihre folkloristischen Darbietungen in ihren bunten Kostümen waren ein Fest der Farben, das alle Sinne ansprach und das ich im Leben nicht vergessen werde. Viele internationale Designer lassen sich übrigens von dieser beeindruckenden Farbpalette inspirieren, Yves Saint Laurent beispielsweise. Die kommen nach Ecuador und bringen von den Indios diese speziellen Orange-, Blau- und Grüntöne mit, die sich in ihren späteren Entwürfen wiederfinden. Wenn man die Vorbilder gesehen hat, kann man diese Verarbeitungen auf den Catwalks in Mailand und Paris wiedererkennen.«

Nicht nur die sogenannten Juden von Ecuador stießen auf das besondere Interesse einer Israelin auf Wanderschaft. Es gab in diesem wie in anderen Ländern Lateinamerikas auch echte Juden, bei denen zum Teil seltsame Allianzen zu beobachten waren. »Was mich sehr verwundert hat, war die seltsame Verbindung zwischen ausgewanderten Nazis, die nicht mehr nach Deutschland zurückkonnten, und alten Juden, die sich in Ecuador angesiedelt hatten. Die spielten zusammen Bridge und machten die tollsten Geschäfte miteinander. Auf dieses Phänomen bin ich später auch in Kolumbien gestoßen. Es war ein Verhältnis wechselseitiger Bewunderung, das historisch überhaupt nicht zu erklären ist. Es schien, als hätten diese Leute keine Vergangenheit – oder hätten sie einfach ausgeblendet. Die historischen Ereignisse, der Holocaust spielte in diesem Verhältnis überhaupt keine Rolle. Deutsche und Juden lebten in Lateinamerika in der Regel in relativem Wohlstand, bewohnten zumeist sehr schöne Finkas und wirkten glücklich und zufrieden. Auf mich hat diese Szenerie einen äußerst befremdlichen Eindruck gemacht.

Ich selbst habe mit meinem damaligen Mann, der schon einige Monate vor mir nach Quito gekommen war, in einer großen Finka im Tal von Tumbaco gelebt. Es war eine der schönsten Finkas, die seinerzeit dort zu bekommen waren. Der damalige deutsche Botschafter in Ecuador, dem man dieses Domizil ebenfalls angeboten hatte, lehnte aus Sicherheitsgründen ab: Das Haus war für seine Bedürfnisse zu offen, zu ungeschützt. Für meinen Geschmack war gerade das ideal. Es gab ein großes Schwimmbad im Garten, die herrliche Natur in unmittelbarer Umgebung ... einfach wunderbar. Natürlich hatten wir auch mehrere Angestellte. Das war dort so üblich und kostete längst nicht so viel wie etwa in England, Frankreich oder Deutschland.«

Um ihre in Israel und New York erworbenen medizinischen Kenntnisse auf dem neuesten Stand zu halten, nahm Mania Feilcke bald eine Tätigkeit an der medizinischen Fakultät der Universität von Quito auf. »Während meiner Einarbeitungszeit durfte ich das sehr angesehene Militärkrankenhaus Seguro besuchen. Meine ecuadorianischen Kollegen waren äußerst zuvorkommend und kollegial. Ich hatte das Gefühl, willkommen zu sein, was natürlich meine Bindung an den für mich neuen Lebensraum erheblich verstärkte. Außerdem konnte ich hier neue medizinische Erfahrungen sammeln, die mir bis dato fremd waren. Eines Tages war ich auf der Suche nach einem englischsprachigen Anatomie-Buch, das ich für eine bestimmte Untersuchung benötigte. Mein Spanisch war zwar gut, aber nicht so gut wie mein Englisch. Deswegen war es mir lieber, auf eine englischsprachige Quelle zurückzugreifen. Man empfahl mir einen deutschen Arzt, der mir in dieser Sache weiterhelfen könne. Die Vergangenheit dieses Mannes war mir bekannt – es war einer jener ehemaligen Nazi-Mediziner, von deren ›neuem Leben‹ in Lateinamerika ich bereits erzählt habe. Ein bißchen mulmig war mir bei der Sache schon, und dieses Gefühl änderte sich auch nicht, als ich seine wunderschöne Finka mit zwei Dobermännern davor betrat. Um gleich für klare Verhältnisse zu sorgen, habe ich mich als Jüdin vorgestellt, als Israelin, die sich in Quito mit der Medizin beschäftige. Wer sich nun aber einen Typen wie Lawrence Olivier in John Schlesingers Film ›Der Marathon-Mann‹ vorstellt, liegt völlig falsch. Der deutsche Arzt war sehr nett und hat mir das gesuchte Buch gern ausgeliehen. Das sonderbare an dieser Begegnung war die Kluft zwischen meiner Erwartung und der Realität. Im Unterbewußtsein war ich davon ausgegangen, auf eine Art Joseph Mengele zu treffen, der mich mit kalten, abschätzigen Augen mustern würde. In Wahrheit hatte ich es mit einem freundlichen alten Herrn zu tun, der so gar nichts mit meinem vorgeprägten Bild gemein zu haben schien. Das eigentlich erschütternde an dieser Biographie bestand darin, daß dieser Mann so offensichtlich mit seiner Vergangenheit abgeschlossen hatte, daß er in seinem zweiten Leben zu einem ausgeglichenen, zufriedenen Menschen werden konnte.

Eine andere, etwas makaber anmutende Geschichte im Zusammenhang meiner medizinischen ›Karriere‹ in Quito: Wieder war ich auf der Suche nach einem schwer zu beschaffenden Gegenstand. Diesmal handelte es sich um ein echtes Skelett, an dem man die Anatomie des menschlichen Körpers studieren konnte. Da in Ecuador eine große Armut herrschte – und immer noch herrscht -, sind Indios und Arme gezwungen, die Knochen ihrer verstorbenen Angehörigen zu verkaufen. Ein Umstand, den ich mir damals zunutze gemacht habe, auch wenn meine eigentliche Intention darin bestand, die Armen zu unterstützen und ihnen ein bißchen Geld zukommen zu lassen. Ich hatte zwei Kollegen aus Deutschland, die in Quito Medizin studierten. Der Vater von einem der beiden war bei den Bayer-Werken beschäftigt. Deswegen hatte er ein starkes chemisches Mittel, mit dem wir die Knochen desinfiziert haben, so daß sie später zu benutzen waren. Wir haben das Skelett dann aber nicht zusammengebaut, sondern die einzelnen Knochen beschriftet und für bestimmte Tests verwendet.«

Die Medizin bietet ein anschauliches Beispiel dafür, daß sich die Gepflogenheiten der europäischen oder nordamerikanischen Wissenschaft nicht ohne weiteres auf andere Kulturkreise übertragen lassen. »Nehmen Sie beispielsweise die Homöopathie, die in Ecuador und anderen Ländern Lateinamerikas sehr weit verbreitet ist. Die Indios haben ihre eigene Medizin. Die westlichen Industrienationen beliefern die sogenannte Dritte Welt mit Arzneimitteln, die einen schon ein wenig ins Grübeln bringen. Ich bin nicht ›grün‹, aber ich wundere mich schon, was da zum Teil für ein Gift verkauft wird. Sämtliche großen pharmazeutischen Unternehmen aus Deutschland waren auf dem ecuadorianischen Markt vertreten. Ich habe mich während meiner Zeit in Lateinamerika eingehend mit der Homöopathie beschäftigt und finde, daß sie eine Erfahrung darstellt, die durch nichts zu ersetzen ist. Die Indios hatten Blätter oder Blumen für jede Krankheit. Und anders als hierzulande, wo die meisten Menschen an die Behandlung mit chemischen Präparaten gewöhnt sind, hat das bei denen auch tatsächlich gewirkt.«

Nach drei Jahren in Quito hat Mania Feilcke ihren damaligen Mann nach Deutschland begleitet. Es war ihre erster längerer Aufenthalt in ihrer späteren Heimat, ehe sich in der kolumbianischen Hauptstadt Bogotá eine neue Aufgabe abzeichnete. »Wir hatten eine schöne Wohnung im sogenannten Musikerviertel von Bonn, in dem noch viele, sehr sehenswerte Jugendstilvillen stehen. Auch während unserer Zeit in Ecuador haben wir gelegentliche Kurzurlaube in der Heimat meines Ex-Mannes eingestreut. Und zwar immer dann, wenn mich wieder einmal der Konsumrausch überkam oder ein medizinischer Check anstand. Die Phase zwischen Quito und Bogotá war aber das erste Mal, daß ich für längere Zeit in Deutschland gelebt habe. Und ich stellte fest, wie sehr mir das alles gefehlt hatte – das gemäßigte Klima, der märchenhafte Schnee in den Wintermonaten, das Schwarzbrot, die Kneipen am Rhein und vor allem auch die Freunde, die ich inzwischen hier gewonnen hatte. Ich besuchte Ausstellungen und sah mir im Kino neue Filme an. In Lateinamerika und auch später in Afrika kam man ja nur an Videos von Filmen heran, die schon lange auf dem Markt waren. Kurz: Ich stillte meinen Hunger nach europäischer Kultur. Man könnte auch sagen: nach allem, was nicht tropisch war.

Dann wurde mein damaliger Mann nach Bogotá in Kolumbien versetzt. Diesmal als Beauftragter des Internationalen Roten Kreuzes. Der Grund für diese Mission war das katastrophale Erdbeben von Armero, das 1984 eine ganze Region verwüstet hatte und den Einsatz internationaler Hilfsorganisationen erforderlich machte. Wir haben damals unter anderem eng mit den ›Médicines sans frontières‹, den ›Ärzten ohne Grenzen‹ zusammengearbeitet, um die Not im Land ein wenig lindern zu helfen. Es war mein erster Einsatz in einem Katastrophengebiet, und die ehrenamtlichen wie hauptberuflichen Helfer hatten alle Hände voll zu tun. Das hinderte mich aber nicht daran, meine kleine Tochter mitzunehmen, die sich an diese Ausflüge kaum wird erinnern können, die mir aber in dieser Zeit durch ihre schlichte Anwesenheit eine beständige Stütze gewesen ist. Ich greife hier etwas vor, aber nur ein wenig. Es gibt ein Foto, das mich mit Vanessa auf dem Arm inmitten einer öden, vom Erdbeben verwüsteten Landschaft zeigt. Wir waren damals darauf angewiesen, improvisieren zu können, und ich glaube, daß dieser Umstand auf dem Schnappschuß ganz gut zu erkennen ist.

Posten wie der meines damaligen Mannes waren immer mit der Deutschen Botschaft verbunden. Wir waren in den Postverkehr der Botschaft integriert und genossen sogar das Privileg, den amtlichen Kurierdienst nutzen zu können. Deswegen habe ich in Lateinamerika und später in Afrika auch immer die Möglichkeit gehabt, mit den diplomatischen Kolonien der jeweiligen Länder zusammenzukommen. Ich war häufig beim deutschen Botschafter zu Gast. Als eines Tages ein hoher Besucher aus Spanien eintraf, bat er mich, die Rolle der Gesellschafterin übernehmen. Zum einen wegen meiner Sprachkenntnisse, zum anderen wohl deshalb, weil ich auch äußerlich etwas hermachte. Ich trug mein Haar damals länger als heute und hatte viele kleine Locken, die mein Gesicht wie ein Gebüsch umrankten. Deswegen glaubte der Botschafter anmerken zu müssen: ›Bei ihnen ist alles O.K. – bis auf die Haare. Sie sehen aus, wie von der Steckdose geschlagen.‹ Ein reizendes Kompliment! Na ja, dem Spanier gefiel's, und so sah sich auch der Botschafter genötigt, von seinem wenig charmanten Geschmacksurteil abzurücken.

Ansonsten traf man sich in diesen Kreisen zu Cocktails und nachmittäglichen Tees. Ich muß aber betonen, daß mich diese ›Ladies-Teas‹ zur damaligen Zeit nicht besonders fesselten. Erstens hatte ich angesichts der Erdbebenkatastrophe einen Haufen anderer, wichtigerer Dinge zu tun. Und zweitens war ich grundsätzlich viel eher daran interessiert, die Menschen, die Kultur und das Land kennenzulernen, in dem ich mich aufhielt. Natürlich war ich damals auch noch jünger und abenteuerlustiger. Ich habe mir immer gesagt: ›Weshalb soll ich mich in einem so interessanten, mir unbekannten Land ausgerechnet an einen mit Rosenthal gedeckten Tisch setzen?‹ Mit anderen Worten: weshalb sollte ich gerade das tun, was ich bereits kannte? Das hätte ich schließlich überall haben können. Deswegen war ich bestimmt nicht hierhergekommen! Und aus diesem Grund habe ich die gängigen Damenprogramme tunlichst gemieden. In Botschaftskreisen hat man mich dafür immer als etwas Exotisches angesehen. So nach dem Motto: ›Die ist eh keine Deutsche, was geht's uns an?‹ Daß ich mich außerdem fließend in der Landessprache unterhalten konnte, dürfte in diesen geschlossenen Zirkeln ebenfalls mit gemischten Gefühlen aufgenommen worden sein. Aber was ging's mich an?«

Von den Anden führte Manias Weg also zurück in die Anden. Bogotá liegt beinahe genauso hoch über dem Meeresspiegel wie Quito – 2.640 Meter, ist aber mit knapp fünf Millionen Einwohnern deutlich größer als die ecuadorianische Kapitale. »Zur Höhenlage sollte man aus medizinischer Sicht wissen: Wenn man hier ankommt, muß sich der Körper drei bis vier Wochen akklimatisieren. Die roten Blutkörperchen vermehren sich in dieser Zeit, und der Körper durchläuft eine Kompensationsphase. Lebt man eine Weile in solcher Höhe, fühlt man sich ausgesprochen fit.

Schon bei meiner Ankunft in Kolumbien konnte ich feststellen, daß dieses Land stark von der Karibik beeinflußt und geprägt wird. Man kann das regelrecht körperlich spüren, es ist ein bestimmtes, ganz spezielles Lebensgefühl, das hier Besitz von einem ergreift. Bogotá, das wichtigste Kultur-, Handels- und Finanzzentrum des Landes, ist riesengroß. Eine solche urbane Ausdehnung hatte ich bis dahin noch nirgendwo gesehen, nicht einmal in New York. Ich glaube, daß diese Erfahrung einer nicht enden wollenden städtischen Wucherung mit dem krassen sozialen Gefälle zu tun hat, das in lateinamerikanischen Ballungszentren deutlicher als anderswo zutage tritt. Man kann die herrschenden Klassenunterschiede im Stadtbild überdeutlich erkennen. Es gibt eine sehr reiche und eine sehr arme Bevölkerungsschicht. Dazwischen gibt es nichts. Und diese extremen Unterschiede innerhalb der kolumbianischen Gesellschaftsstruktur sind natürlich auch der Grund dafür, daß in Ländern wie diesen ständig politische Unruhen herrschen. Im alltäglichen Leben war das etwa daran zu erkennen, daß um unser Haus permanent Wächter im Einsatz waren. Man hatte fortwährend Angst, überfallen oder sogar gekidnappt zu werden. Gerade Ausländer mußten ständig mit so etwas rechnen. Und die anhaltende Gefährdung von Hab und Gut, wenn nicht von Leib und Leben wirkte sich natürlich auf die Organisation der alltäglichen Abläufe aus. Man tendierte automatisch dazu, sich abzuschotten.«

Als Mania mit ihrem damaligen Mann in Kolumbien lebte, florierte die Wirtschaft. »Das Hauptexportprodukt des Landes können sie auch in Deutschland in jedem Laden kaufen, ich kann ihnen gerne noch eine Tasse nachschenken«, erzählt Mania Feilcke und verschwindet für eine Minute in der Küche ihrer Schöneberger Wohnung. »Kolumbien«, höre ich sie aus einiger Entfernung dozieren, »bezeichnet sich auch die Hochland-Heimat des Kaffees. Außerdem handelt man dort mit Esmeralden – grüne Edelsteine«, fügt sie auf meinen fragenden Blick hinzu. »Na ja, sie sind eben keine Frau. Da erwarte ich nicht, daß sie so etwas kennen. Esmeralden sind sehr teuer, die kostbarsten Edelsteine nach dem Diamanten. Und dann natürlich das Gold – die kolumbianische Kultur legt ein beredtes Zeugnis von der Bedeutung dieses Metalls ab. Es gibt in

Bogotá ein eigenes Museum, das Museum d'Oro, in dem die unermeßlichen Reichtümer der präkolumbianischen Kultur ausgestellt sind. Ich habe mir während meiner Zeit dort unten einige Male die Ausstellungen angesehen und war tief beeindruckt.«

Wie bereits in Ecuador nahm Mania auch in Kolumbien jede Gelegenheit wahr, um sich – fernab der obligatorischen ›Ladies-Teas‹ auf kurz geschnittenem Rasen – einen Eindruck von den sozialen und kulturellen Besonderheiten des Landes zu verschaffen. Zwei Orte haben sich ihr dabei aus unterschiedlichen Gründen besonders eingeprägt: »Gleich nach Jerusalem ist Cartagena für mich die zweitschönste Stadt der Welt. Sie liegt etwa sechshundert Kilometer nördlich von Bogotá direkt an der Karibikküste und ist architektonisch vom Kolonialstil geprägt. Ein Traum, sage ich ihnen! Der zurecht so berühmte Roman ›Hundert Jahre Einsamkeit‹ von Gabriel Garcia Marquez ist hier entstanden. Der mexikanische Nobelpreisträger wohnt übrigens noch immer dort. Ebenso wie Fernando Botero, der ja bekanntlich die dicksten Frauen der Welt malt. Ich hatte das Privileg, mit diesen Persönlichkeiten zusammenzutreffen. Im Hotel Caribic, für mich eines der schönsten Hotels der Welt, wurden zahlreiche Filme gedreht, weil es eine phantastische Kulisse abgibt. Deswegen habe ich bei meinen regelmäßigen Reisen nach Cartagena auch viele Schauspieler kennengelernt. Klaus Kinski zum Beispiel, der damals mit seinem ›Lieblingsregisseur‹ Werner Herzog unterwegs gewesen ist und meiner Erinnerung nach in Lleba drehte. Oder den famosen Robert De Niro, der ebenfalls oft in der Karibik gearbeitet hat. Cartagena ist ein gutes Beispiel dafür, daß man Kolumbien Unrecht tut, wenn man im Zusammenhang dieses Landes vor allem über Drogenkartelle redet. Kolumbien ist weit mehr als das. Es ist eine sehr alte Kulturnation, die herausragende Dichter und Künstler hervorgebracht hat. Dieser Aspekt spielt in der allgemeinen Wahrnehmung eine völlig untergeordnete Rolle. In Europa könnte man dieses unberechtigte Negativimage etwa mit meinem Geburtsland Polen vergleichen. Das ist ebenfalls ein Land mit einer großen kulturellen Tradition, das heute aber von vielen fast nur noch mit Autodiebstahl in Verbindung gebracht wird.«

Der zweite Ort in Kolumbien, der für Mania Feilcke eine besondere Bedeutung gewonnen hat, läßt dieses Mißverhältnis zwischen negativer Außenwahrnehmung und lebensweltlichem Reichtum noch deutlicher werden. Cali, südwestlich von Bogotá in den Anden gelegen, ist für sie »unter allen Städten die wichtigste, weil dort meine Tochter Vanessa geboren wurde«. In der politischen Berichterstattung auf den Namen eines verbrecherischen Drogenkartells reduziert, erscheint Cali in ihrer Erinnerung einzig und allein im milden Glanz eines gewachsenen Familienglücks. Mehr noch: »Cali ist die Stadt mit den schönsten Frauen und den meisten Blumen der Welt!« Wer hätte das gedacht?

Schon bald, im Herbst 1986, zeichnete sich die nächste Station innerhalb der beruflichen Karriere von Manias damaligem Ehemann ab. Und diesmal sollte es auf die andere Seite des Atlantik gehen – nach Afrika, in die ghanaische Hauptstadt Accra. »Das war für mich ein ziemlich drastischer Ortswechsel. Man sagt zwar immer, Israel liege im Grunde in Afrika, aber das stimmt ja nicht so ganz. Ich wußte, daß sich meine Familie – wir waren ja nun zu dritt – auf einen markanten Einschnitt vorzubereiten hatte. Gleichzeitig muß ich sagen, daß der sogenannte Schwarze Kontinent schon immer ein Ziel für mich gewesen ist, und nun bot sich eine Möglichkeit, diesen Traum wahr werden zu lassen. Afrika hatte schon immer eine große Faszination auf mich ausgeübt. Aus zahlreichen Büchern, Filmen und Reiseberichten hatte sich mir die Vorstellung eines großen, geheimnisvollen Kontinents eingeprägt. Aber das alles waren Fremdbilder, keine eigenen Phantasien. Ich hatte bis dahin noch keinen echten Zugang zur afrikanischen Kultur – wenn man das überhaupt so allgemein sagen kann. Kubaner, Kolumbianer, Puertoricaner und Ecuadorianer hatten bereits in New York zu meinem Bekanntenkreis gehört, Afrikaner oder gar Ghanaer, die mir etwas von ihrer Heimat hätten vermitteln können, aber nicht. Die Black Americans meiner Generation sind ja in der Regel als Nordamerikaner sozialisiert. Von denen hätte ich über die nächste Station meiner Wanderjahre also kaum etwas in Erfahrung bringen können.

An das ständige ein- und auspacken meiner Koffer war ich inzwischen schon gewöhnt. Seit ich Israel verlassen hatte, hieß es für mich immer wieder, einen neuen Anfang in einer neuen Kultur zu machen. Verstehen sie mich recht – ich hätte es gar nicht anders gewollt. Nur muß ich in der Rückschau feststellen, daß diese beständigen Ortswechsel im Laufe der Zeit den Wunsch nach einem festen und dauerhaften Zuhause verstärkt haben. Vermutlich ist dieser Wunsch auch der Grund dafür, daß ich während der Jahre, die ich in Lateinamerika und Afrika zugebracht habe, zwischendurch immer wieder mal nach Israel geflogen bin und auch regelmäßige ›Heimaturlaube‹ in Deutschland gemacht habe. Gerade wenn man viel unterwegs ist, ist es gut zu wissen, wo man seine Wurzeln hat oder wo man möglicherweise hingehören könnte.«

In Ghana, dem ehemaligen Westsudanischen Reich, das heute zwischen der Elfenbeinküste, Burkina Faso und Togo am Golf von Guinea gelegen und vielen Älteren noch unter dem Namen ›Goldküste‹ bekannt ist, fanden zur Zeit des Ortswechsels von Mania und ihrer Familie politische Veränderungen statt: Die Diktatur des Luftwaffenhauptmanns Jerry Rawlings ging zu Ende, der erste demokratisch gewählte Nachfolger wurde – er selbst. Ghana war wieder ein Vielparteienstaat, und auch in wirtschaftlicher Hinsicht zeichneten sich damals Verschiebungen ab. Rawlings wandte sich an den Weltwährungsfonds, um internationale Unterstützung für einen ökonomischen Neuaufbau seines Landes zu erhalten.

»Aus meiner Sicht besonders interessant war die interkulturelle Mischung der ghanaischen Bevölkerung. Etwa ein Viertel der Ghanaer sind Christen, davon etwa die Hälfte Katholiken. Außerdem hat das Land eine sehr lange Geschichte, die bis ins Jahr 770 zurückreicht. Mindestens. Es soll ursprünglich von Weißen gegründet worden sein, die sich in der Sahelzone niedergelassen hatten. Zur Zeit seiner größten räumlichen Ausdehnung reichten die Grenzen von Ghana vom oberen Niger bis zum mittleren Senegal und nördlich bis in die Sahelzone. Das ist allerdings lange her. Um 850 stand das Land auf der Höhe seiner Macht, danach wurde es immer wieder erobert und zerfiel in Teilreiche. Ich will das hier gar nicht genauer verfolgen. Es ist nur so, daß die Geschichte eines Landes einen großen Einfluß auf seine aktuelle Verfaßtheit ausübt. Sie mag in der öffentlichen Wahrnehmung bisweilen im Hintergrund stehen, Tatsache ist, daß man ein Volk nur dann wirklich versteht, wenn man seine Vergangenheit kennt. Deswegen habe ich, wo immer ich mich gerade aufgehalten habe, stets versucht, mir die Historie des jeweiligen Landes vor Augen zu führen. Nicht zuletzt deshalb kann ich heute sagen: Reisen bildet.«

Trotz meiner geheimen Zuneigung zu Afrika hatte ich doch einige Bedenken wegen der Malaria. Man hatte zahlreiche Impfungen durchzuführen, ehe man dorthin reisen konnte. Vanessa und ich hatten uns bereits einer Hepatitisimpfung unterzogen. Die notwendigen Malariaiprophylaxen haben schon für Erwachsene gewisse Nebenwirkungen. Und noch viel mehr für ein kleines Kind. Trotzdem haben wir das gemacht und sind gemeinsam nach Ghana geflogen. Hatte ich schon erwähnt, daß ich, wo immer es möglich ist, ausschließlich mit der Lufthansa fliege? Nur gab es damals keine Lufthansa-Linie nach Ghana. Und zwar aus einem ganz bestimmten Grund. Viele Jahre zuvor war der dortige Lufthansa-Chef ermordet worden. Deswegen hatte man zu meiner Zeit bis auf weiteres sämtliche Flugverbindungen eingestellt. Anstatt mit der Lufthansa flogen wir also mit der Swissair nach Ghana. Und dort stellte sich heraus, daß unsere weiß getünchte Kolonialvilla das ehemalige Domizil eben dieses Lufthansa-Chefs gewesen ist. Ich hatte gehört, daß der Mordanschlag kein gezieltes Attentat auf Deutsche oder Ausländer im allgemeinen gewesen war, sondern sich ausschließlich gegen seine Person gerichtet hatte. Deswegen hatte ich keine allzu großen Bedenken, in diese wunderschöne Villa einzuziehen. Es wäre auch zu schade um dieses Haus gewesen. Man muß es sich in etwa so vorstellen, wie in dem Sidney Pollack-Film »Jenseits von Afrika« mit Meryl Streep und Robert Redford. Das Licht, die Sonnenuntergänge – alles war genau so. Ich hatte vorher schon einige Bücher von Tania Blixen gelesen. Aber wenn man dort lebt, ist es doch etwas ganz anderes. Die unmittelbare Erfahrung ist mit nichts zu vergleichen.«

Die Hauptstadt Ghanas liegt inmitten eines dünn besiedelten Gebiets im Süden des Landes und wurde im 16. Jahrhundert als portugiesisches Handelsfort gegründet, ehe im 17. Jahrhundert englische, niederländische und dänische Forts hinzukamen. Erst im 19. Jahrhundert begann um diese Forts herum eine Stadt zu wachsen, die sich bald zu einem wichtigen Handels- und Kulturzentrum entwickelte und 1876 zur Hauptstadt der sogenannten Goldküste ernannt wurde. Heute hat Accra etwa eineinhalb Millionen Einwohner. Neben dem Regierungssitz Schloß Christiansborg, das von portugiesischen Bauherren entworfen und später unter dänischer Ägide umgebaut wurde, prägen moderne Verwaltungs- und Kulturbauten aus den fünfziger Jahren des 20. Jahrhunderts das Stadtbild.

Für Mania Feilcke bestand der Reiz dieser Stadt unter anderem darin, daß sie direkt am Atlantischen Ozean liegt. Denn so »brauchte ich keinen Swimmingpool. Die Eingewöhnung fiel mir nicht schwer, was unter anderem damit zusammenhing, daß sich viele nette Hausangestellte um mein Wohlergehen kümmerten. Ab und zu, wenn mich der Heißhunger nach deutscher Wurst überkam, bin ich mit meinem Fahrer gut zwei Stunden bis nach Lomé, die Hauptstadt von Togo gefahren, weil es dort einen berühmten deutschen Metzger und einen deutschen Supermarkt gab. Der Betreiber war unter anderem mit Franz Josef Strauß befreundet und pflegte, wie viele in der ehemaligen deutschen Kolonie Togo, die bajuwarische Lebensart und Küche. Es gab – mitten in Afrika – neben dem Laden einen zünftigen Biergarten. Das alles soll aber keineswegs die Verdienste meiner Köchin schmälern, die ebenfalls aus Togo stammte, vorher für den französischen Botschafter gearbeitet hatte und sich deshalb ausgezeichnet auf die französische Küche verstand.«

Manias Familie hatte in Accra zwar keine konkreten Übergriffe auf Leib und Leben zu befürchten. Dennoch wurde ihr Anwesen tagsüber und vor allem nachts von einem Wächter bewacht. »Das war hier so üblich, alle Weißen hatten einen oder mehrere Wächter. Vor allem die als gefährlich geltenden Buschmänner genossen als Wachleute einen hervorragenden Ruf. Anfangs hatte ich auch einen Hund, aber der wurde getötet, denn Hunde sind in Ghana nicht gern gesehen. Die werden von den Weißen zum Teil mit so gutem Futter versorgt, daß sich die armen Afrikaner schlechter als Hunde behandelt fühlen. Viele glauben, die Weißen gäben mehr Geld für ihre Hunde aus, als die Schwarzen zum Leben haben. Mein Wächter schob seinen Dienst auch bei Temperaturen von vierzig Grad Hitze in einem Pelzmantel, den er von irgendeinem Deutschen geschenkt bekommen hatte. Bewaffnet war er mit Pfeil und Bogen. Ich habe ihn immer gefragt, was er glaube, damit ausrichten zu können. Und er hat immer nur geantwortet: ›Madame, it's O.K.!‹ Tja, für ihn mag es O.K. gewesen sein. Aber jedesmal, wenn ich spät nach Hause kam, hat er tief und fest geschlafen, und seine gesamte Ausrüstung lag neben ihm. Im Grunde war das ganze als eine Art Arbeitsbeschaffungsmaßnahme zu verstehen, wenn auch eine sehr wirksame: Wäre tatsächlich bei uns eingebrochen worden, hätte der Wächter seinen Job verloren – und daran hatten auch potentielle Einbrecher kein Interesse.«

Die mangelnde Wehrfähigkeit ihres Wächters machte Mania allerdings weniger Sorgen als jene unberechenbaren Reptilien, auf die man in einer Region wie Accra jederzeit unerwartet stoßen konnte. »Ich habe vor ganz wenigen Dingen wirklich Angst – aber Schlangen zählen dazu. Um unsere Villa herum lagen Kieselsteine verstreut, damit man sie schon am Geräusch erkennen und sich vorsehen konnte. In der kalten Regenzeit suchen die Schlangen Asyl in den Wohnhäusern. Einer bin ich sogar auf unserer Toilette begegnet, denn dort war es angenehm warm. Seit dieser Erfahrung bin ich immer mit einer Taschenlampe durchs Haus gelaufen, um die Viecher rechtzeitig zu erkennen und ihnen gegebenenfalls eins überziehen zu können. Wenn man einmal einer Schlange begegnet ist, nimmt man sich zukünftig in acht. Das vergißt man nicht so schnell!«

Aber es waren nicht allein die Schlangen, die Mania und ihrer Familie in Ghana das Leben schwer machten. Hinzu kam jederzeit die Gefahr einer Malariainfektion, die durch Mückenstiche übertragen wird. Während die Malaria tertiana, das sogenannte Dreitagefieber, auch in gemäßigten Klimazonen vorkommt, führt die Malaria quartana zu heftigen Fieberanfällen im Abstand von etwa drei Tagen. Die eigentliche und gefährlichste Form dieser Krankheit ist jedoch die Malaria tropica, bei der die Fieberattacken in unregelmäßigen Abständen auftreten. »Die Mittel, die wir einnahmen, haben gegen die Malaria tropica nicht ausgereicht. Auf einer Party in der deutschen Botschaft, zu der ich ein offenes weißes Kleid trug, sprach mich der Botschafter an und sagte: ›Ich sehe sie immer mit Chanel, aber sie riechen nach Autan.‹ Das war zutreffend, wenn auch nicht sehr charmant. Ein Entwicklungshelfer aus unserem Bekanntenkreis ist an der Malaria tropica gestorben. Und auch mein damaliger Mann, meine Tochter und ich selbst sind einige Male infiziert gewesen.

Einmal hatte es mich so schlimm erwischt, daß ich zur Behandlung nach Deutschland geflogen werden mußte. Mit einem Rettungsflieger aus dem Land gebracht zu werden, kostete damals umgerechnet 70.000 DM. Zwei Ärzte mußten bestätigen, daß mein Fall außerordentlich kritisch sei, damit die Kosten von der Krankenkasse übernommen wurden. Dann ging alles sehr schnell. Als das Rettungsflugzeug ankam, stellte ich mit einigem Entsetzen fest, wie klein es war. In dieser Maschine würden sowohl meine Flugangst als auch meine Klaustrophobie neue, bislang unbekannte Höhen erreichen! Eitel wie ich bin, habe ich aber zumindest noch einen Koffer mit Kleidung hineingezwängt. Außer den beiden Piloten war ein Arzt an Bord, ich selbst wurde an einen Tropf angeschlossen und spät nachts aus Ghana ausgeflogen. Vor dem Start hatte mein Ex-Mann meinen beiden Begleitern noch einige Instruktionen gegeben und ihnen meinen amerikanischen Paß ausgehändigt, damit es bei dem geplanten Zwischenstop in einem arabischen Land keine unnötigen Schwierigkeiten gebe. Den israelischen behielt er sicherheitshalber bei sich.

Ich wollte lieber in der Universitätsklinik in Bonn als im Hamburger Tropeninstitut behandelt werden, einfach deshalb, weil meine Freunde und Bekannten in Bonn lebten. Als ich aufwachte, standen viele Ärzte in Gummihandschuhen um mich herum, denn damals kursierte das Gerücht, der Aids-Virus werde durch Mückenstiche übertragen. Als ich die versammelten ›Koryphäen in Weiß‹ mit besorgten Blicken um mich herumstehen sah, fiel mir nichts anderes ein als zu sagen: ›Meine Herren, Malaria ist nicht ansteckend. Dummheit schon!‹ Sie möchten doch bitte ihre Handschuhe ablegen, was sie dann auch mit einem verlegenen Lächeln getan haben.

Ich blieb für zwei Wochen im Krankenhaus und danach für eine längere Zeit in Deutschland, denn zu dieser Zeit – ich lebte seit etwa zweieinhalb Jahren in Ghana – war meine Ehe schon nicht mehr in Ordnung. Es hat aus verschiedenen persönlichen Gründen einfach nicht mehr funktioniert. Als ich mich wegen meiner Erkrankung in Deutschland aufhielt, war unsere Scheidung bereits beschlossene Sache. Vanessa, die zunächst in Ghana geblieben war, kam später nach Deutschland nach – mein Ex-Mann hatte sie persönlich begleitet. Da wir aber noch verheiratet waren, brachte ich sie nach meiner Genesung zurück nach Ghana. Bei Kindern unter fünf Jahren reicht eine Stewardess als Flugbegleiterin nicht aus. So fand ich mich nach dem Schrecken, den die schwere Krankheit verursacht hatte, und nach den Strapazen der Trennung von meinem Mann, mit dem ich mich immer noch recht gut verstand, auf einer wunderschönen Außenterrasse in Accra wieder. Der deutsche Botschafter, mit dem ich bei einem Drink zusammensaß, erwartete einen hohen Besucher aus Bonn, der auf Einladung meines Noch-Mannes komme und den ich unbedingt noch kennenlernen müsse, bevor ich nach Deutschland zurückflöge. ›Also bitte‹, sagte ich, ›warum nicht. Warten wir also ab‹.

›Ich werde ihnen sagen, warum,‹ hat der Botschafter geantwortet. ›Wir warten gemeinsam auf einen Bundestagsabgeordneten der CDU, Jochen Feilcke, der im Verwaltungsrat des Deutschen Entwicklungsdienstes ist und der im übrigen sehr gut aussieht. Sie sind doch jetzt frei, wie ich höre.‹ Ich dachte: ›Was erzählt der mir denn da ...!?‹ Und als die Maschine aus Deutschland auch noch Verspätung hatte, sagte ich irgendwann: ›O.K., das war's. Ich hole jetzt meinen Driver und verschwinde!‹ Aber der Botschafter blieb hartnäckig: ›Schauen sie ihn sich doch erst einmal an, dann können sie ja immer noch zurückfliegen.‹ Ich bin dann tatsächlich geblieben, bis Jochen Feilcke mit großem Traramm am Flughafen von Accra eintraf. Ich muß sagen, der Botschafter hatte nicht übertrieben.

Zunächst hat mich Herr Feilcke ja keines Blickes gewürdigt. Der Garten der Botschaft war voller schöner Frauen. Am nächsten Tag jedoch fand ein großes Dinner statt, zu dem der Botschafter zu Ehren der Delegation aus Deutschland geladen hatte. Für mich war ein Platz neben dem Botschafter vorgesehen. Ich hatte in meinem bisherigen Leben bereits einige Politiker und Künstlerpersönlichkeiten kennengelernt, mit einem Bundestagsabgeordneten hatte ich bis dahin aber noch nicht das Vergnügen gehabt. Das sollte sich jetzt ändern. Ich habe mich im Verlauf dieses gemeinsamen Essens sehr angeregt mit Jochen Feilcke unterhalten, und da ich – wie immer in entscheidenden Situationen – keine Visitenkarte dabei hatte, schrieb ich am Ende meine Telephonnummer auf ein Stück Pappe von seiner Davidoff-Zigarettenschachtel. ›Wenn Sie mal in Bonn sind, rufen Sie mich an, ja?‹ Ich wußte, daß er in Berlin lebte, viel mehr aber auch nicht.

Am nächsten Tag bin ich dann abgereist, Vanessa ist noch für drei Wochen in Accra bei meinem Ex-Mann geblieben. Jochen Feilcke hat meine Tochter während der fünf Tage, in denen er in Ghana zu Gast war, noch kennengelernt. Zurück in Bonn habe ich einer Freundin in einer Kneipe von meinen jüngsten Erlebnissen berichtet. Sie stand weltanschaulich eher links und hat mich mit einiger Entrüstung gefragt, ob ich denn bescheuert sei, mich mit einem CDU-Mann einzulassen. ›Ausgerechnet der Feilcke, der immer nur mit hübschen Frauen zu sehen ist ...! Was willst du überhaupt von dem?‹ Das wußte ich zu diesem Zeitpunkt selbst noch nicht genau. Ich wußte nur, daß ich mich sehr über einen Anruf von ihm gefreut hätte. Und als dieser Anruf dann kam, war ich ziemlich aufgeregt. ›Hier ist Jochen Feilcke aus Berlin.‹ ›Ach wie nett – kommen Sie zufällig nach Bonn?‹ ›Nicht zufällig, sondern ganz gezielt!‹ Ich wußte damals noch nichts über den Sonderstatus dieser Stadt und bin davon ausgegangen, daß sich dieses ›ganz gezielt‹ auf meine Person beziehe. ›Der kommt hierher, um mich zu sehen!‹, dachte ich. Dabei war es, wie ich später erfuhr, für ihn als Bundestagsabgeordneten die reine Routine, zwischen seinem Wohnsitz und Wahlkreis einerseits und dem Sitz des Deutschen Bundestags andererseits zu pendeln. Na ja, es hätte ja sein können.«

Mit der Vertiefung ihrer Bekanntschaft zu Jochen Feilcke waren Manias Wanderjahre, die sie als begleitende Ehefrau ihres ersten Mannes nach Lateinamerika und Afrika geführt hatten, beendet. Sie hatte gelernt, sich unter neuen, ungewohnten, oft auch widrigen Verhältnissen zurechtzufinden. Sie hat fremde Kulturen und Verhaltensweisen kennengelernt, die ihren Horizont erweitert und ihre Sensibilität für gesellschaftliche und soziale Problemstellungen vertieft haben. Überall auf der Welt kam es entscheidend auf die Einstellung an, mit der man an die Lösung von Problemen heranging. Wer – nur ein Beispiel – mitten in Afrika Weihnachten feiern wollte, der mußte sich eben etwas einfallen lassen.

»Ich hatte gehört, daß viele Botschafter in Ghana, darunter auch der deutsche, sich im Dezember via Swissair einen Weihnachtsbaum einfliegen ließen. Ich selbst konnte leider keinen bekommen. Da ich aber während meiner beiden Jahre in Ghana keinesfalls auf ein traditionelles Weihnachtsfest verzichten wollte, habe ich überlegt, was ich statt eines Nadelbaums zu diesem Zweck verwenden könnte. Na ja, und da habe ich eben eine jener großen Kakteen geschmückt, die vor unserem Haus herumstanden. Ein Kaktus als Weihnachtsbaum – warum nicht? Für irgendwas müssen die Dinger ja gut sein!«

Auf diplomatischem Parkett
Die neue Berliner Gesellschaft (ab 1989)

Nach der Trennung von ihrem ersten Ehemann lebte Mania noch für einige Monate mit ihrer Tochter in Bonn, ehe sie sich dazu entschloß, auch diesen Abschnitt ihrer Biographie hinter sich zu lassen und nach Berlin zu ziehen. Der Grund für diesen Schritt lag auf der Hand: Ihr Verhältnis zu Jochen Feilcke hatte sich rasch intensiviert. »Es machte keinen Sinn, weiterhin zwei Wohnungen zu unterhalten. Wobei die Situation anfangs schon ein bißchen paradox gewesen ist. Ich habe in Bonn eine wunderschöne Jugendstilvilla verlassen, um zu meinem Mann nach Berlin zu gehen. Hier saß ich nun allein mit meinem Kind, während sich mein Mann in seiner Funktion als Bundestagsabgeordneter häufig in Bonn aufhielt. Und wenn er am Wochenende nach Hause kam, war ich wieder allein, weil er dann in seinen Wahlkreis mußte oder andere berufliche Verpflichtungen hatte. So war ich im Grunde zehn Jahre lang eine alleinerziehende Mutter.«

Mania wurde im September 1990 geschieden. Und als sie in Bonn mit Jochen Feilcke zusammensaß und dieses Ereignis bei einem Mittagessen besprach, kam beiden derselbe Gedanke: »Was steht eigentlich einer Hochzeit im Wege?« Um den Bund für's Leben in den ›Mantel der Geschichte‹ zu hüllen, der damals über dem ganzen Land lag, wurde beschlossen, am 3. Oktober, dem Tag der Deutschen Einheit, zu heiraten – fast genau ein Jahr nach ihrem ersten ›ernsthaften Date‹ am 9. November 1989. Dem standen allerdings zwei Dinge im Wege: Erstens war das Scheidungsurteil noch nicht rechtskräftig. Um das Verfahren ein wenig zu beschleunigen, setzte sich Jochen Feilcke mit der Rechtsanwältin von Manias Ex-Mann in Verbindung. Schließlich liege es auch im Interesse ihres Mandanten, die Angelegenheit zügig zum Abschluß zu bringen. So war es. Man einigte sich, und damit war die erste Schwierigkeit beseitigt.

Aber es gab noch ein weiteres, ungleich schwerer zu überwindendes Hindernis: Wer heiraten will, muß bekanntlich sein gesamtes Leben aufrollen und aktenkundig machen. Das war im Falle des Gatten nicht sonderlich schwierig. Im Hinblick auf die Irrungen und Wirrungen seiner Ehefrau in spe jedoch, erschien es als ein

Ding der Unmöglichkeit, alle wesentlichen Dokumente über sämtliche ihrer bisherigen Aufenthaltsorte heranzuschaffen. Und zwar vor allem deshalb, weil Mania die unnachahmliche Eigenschaft hat, all das, was ihr im Moment nicht wichtig erscheint, zu zerreißen. Für keine Phase ihres Lebens gab es auch nur in Ansätzen so etwas wie eine geordnete Akten- oder ›Buchführung‹. Es wäre gar nicht mehr möglich gewesen, alle Papiere zusammenzuführen.

Was also tun? Der Fall schien aussichtslos. Bis Jochen Feilcke die Idee kam, es im Osten Berlins zu versuchen. Seit der Wende hatte er sehr gute Kontakte zum Bezirk Weißensee aufgebaut und sprach nun – mit Unterstützung des damaligen Vorsitzenden der CDU-Fraktion – den der SPD angehörenden Bezirksbürgermeister Gert Schilling an: Ob es nicht möglich sei, seine geplante Eheschließung in Weißensee vorzunehmen. Es war möglich, und die Formalitäten erwiesen sich im Gegensatz zu den Anforderungen im Westen als vergleichsweise unkompliziert. Blieb nur noch zu klären, ob wunschgemäß am 3. Oktober geheiratet werden konnte. Daraufhin erklärte man lakonisch: »Am 3. Oktober gibt's uns nicht mehr. Am 2. Oktober um 14 Uhr ist Feierabend für alle Standesämter der DDR!« »Also gut, dann eben am 2. Oktober, Punkt 14 Uhr!« Es ging nicht darum, ins Guiness-Buch der Rekorde zu kommen. »Wir leisteten uns einfach einen kleinen historischen Gag: Möglichst nah am Tag der Deutschen Einheit wollten wir die vermutlich letzte Hochzeit der DDR feiern.«

Die standesamtliche Trauung von Mania und Jochen Feilcke fand dann tatsächlich am 2. Oktober 1990 um 14 Uhr im Standesamt am Weißen See statt. Es war ein wunderschöner, klarer Herbsttag in einer kleinstädtisch anmutenden Idylle, die so weit von der Metropole entfernt zu sein scheint. Danach ging's zurück in die große Stadt. Für die anschließende private Feier hatte das frischvermählte Paar das Turmzimmer des Französischen Doms am Gendarmenmarkt angemietet. Mit dem ›Türmer‹ war besprochen, daß er das Carillon einschaltete, um den ›Hochzeitsmarsch‹ von Felix Mendelssohn-Bartholdy am 2. Oktober 1990 nachmittags über Berlins Mitte schallen zu lassen. Schon ein paar Tage vorher wurde Manias Schwiegermutter in Lübeck besucht und von dort aus etwa ein Dutzend Telegramme an gute Freunde aufgegeben, in denen die Feilckes – bewußt zweideutig – mitteilten: »Vereint in alle Ewigkeit. Das feiern wir am 2. Oktober um 20 Uhr im Restaurant Gewürzkiste in Berlin-Friedenau«. Keiner der Adressaten wußte genau, was diese sonderbare Einladung zu bedeuten hatte. Die meisten waren wohl der Meinung, es könne sich nur um eine Feier zur Deutschen Einheit handeln – um was denn sonst in diesen Tagen? »Wir haben einfach beide Ereignisse miteinander verbunden und um Mitternacht eine schwarz-rot-goldene Hochzeitstorte angeschnitten.«

Das alles ging rasend schnell über die Bühne – im Großen wie im Kleinen. Schon am nächsten Tag fand in Berlin die große Einheitsfeier statt, ein Jahrhundertereignis, das Mania und Jochen Feilcke mit gutem Grund als ihre persönliche Hochzeitsfeier auffaßten. Und da inzwischen der Wahlkampf ausgebrochen und Jochen Feilcke als Bundestagsabgeordneter neben Schöneberg auch für Kreuzberg zuständig war, feierten sie ihren Honeymoon am Checkpoint Charlie. Es wurde ein großes Volksfest. Mania und ihr Mann drückten Hunderten von Besuchern Stempel in die Pässe, auf denen zu lesen war: »Visum ins vereinte Deutschland«. Wer einen Blick über ganz Berlin riskieren wollte, wurde per Kran in luftige Höhen befördert. Außerdem hatte Jochen Feilcke als erster Politiker, der sich für eine zukünftige Hauptstadt Berlin stark machte, für diesen Anlaß tausend Bierseidel herstellen lassen mit der sinnigen Aufschrift: »Deutschland einig: Berlin, det isset!«. Die sollen weggegangen sein wie warme Semmeln.

Die kirchliche Hochzeit von Mania und Jochen Feilcke fand übrigens wenig später in der Alten Spandauer Kirche statt. Bischof Martin Kruse, der bereits in Jochen Feilckes Elternhaus in Hannover ein- und ausgegangen war, hatte zuvor noch nie eine solche Trauung vorgenommen, machte im Falle dieser jüdisch-protestantischen Verbindung eine Ausnahme. Doch kaum waren die Kirchenglocken verstummt, gab es im Hause Feilcke nur noch ein Thema: Wahlkampf! »Ich wußte damals zwar in etwa, was man sich darunter vorzustellen hat, aber ich habe volle zehn Jahre gebraucht, um zu verstehen, wie das deutsche Wahlsystem funktioniert. Allein die Prozeduren, die offenbar erforderlich sind, um eine Kandidatenliste aufzustellen – oder besser: auszukungeln! Natürlich gehörte ich damals keiner Partei an. Als israelische und amerikanische Staatsbürgerin darf ich in Deutschland auch nicht wählen. Aufgrund der starken Affinität zu meinem Mann habe ich mich dann aber doch für die CDU in Schöneberg engagiert – sehr leise und zurückhaltend, wie es sich meiner Ansicht nach gehört.«

Ein gewichtiger Grund für Manias politisches Engagement besteht in ihrer Wertschätzung Angela Merkels, die sie als Vorbild betrachtet. »Sie ist wirklich eine tolle Frau, die ich inzwischen als gute Bekannte bezeichnen darf. Trotz ihrer exponierten Position ist sie nicht abgehoben, sondern bescheiden, sachlich und menschlich geblieben. Das schätze ich sehr. Und obwohl ihr Terminkalender sicher noch wesentlich voller ist als meiner, nimmt sie sich gelegentlich die Zeit, zusammen mit ihrem Mann zum Abendessen zu uns zu kommen. Das sind dann jedesmal sehr gesellige Stunden mit angeregten Unterhaltungen über Gott und die Welt, die mir deutlich vor Augen führen, daß Politiker alles andere als eindimensional denkende Zeitgenossen sein müssen.

Die ehemalige Präsidentin des Berliner Abgeordnetenhauses, Hanna-Renate Laurien, hat mich Mitte der neunziger Jahre dazu ermutigt, selbst aktiv in die Parteiarbeit einzusteigen. Meine Domäne ist aber eher die Basisarbeit. Hinzu kommt noch ein weiterer Umstand: Obwohl ich als ›exotisches Element‹ vermutlich Stimmen gebracht hätte, hatte ich nicht den Eindruck, willkommen zu sein. Quereinsteiger werden innerhalb der Parteihierarchie nicht so gern gesehen. Ich habe das verstanden und mich anderen Bereichen zugewendet.«

Trainer-Legende Sepp Herberger hat in bezug auf den Fußballsport einmal die Formel geprägt »Nach dem Spiel ist vor dem Spiel«. Ganz ähnliches läßt sich über den Wahlkampfrhythmus in der Politik sagen: »Wer mit einem Politiker verheiratet war oder ist«, sagt Mania Feilcke, »der weiß: Kaum ist ein Wahlkampf vorbei, beginnt bereits der nächste. Ich habe in den zurückliegenden Jahren zahlreiche Wahlkämpfe meines Mannes in seinem Wahlkreis Kreuzberg/Schöneberg intensiv miterlebt. Wir haben mitten in der Nacht wild Plakate geklebt, was eigentlich verboten ist. Und als Kontrastprogramm dann ganz legale Damenkränzchen organisiert. Gemeinsam mit Monika Diepgen habe ich viele Seniorenheime besucht, mich an Musiknachmittagen beteiligt, zu denen ich meinen selbstgebackenen Mohnkuchen mitbrachte. Auch Obdachlosenrganisationen habe ich aktiv unterstützt – und zwar nicht nur zu Wahlkampfzeiten, sondern das ganze Jahr über, aus Überzeugung. Zum Teil mache ich da heute noch mit.

Ich bin gewiß nicht weltfremd und weiß, wie in anderen Parteien Politik gemacht wird und Posten vergeben werden. Die Berliner CDU jedoch ist ein Volk für sich! Als Gott die Integrität unter den Menschen verteilt hat, standen viele Politiker der Berliner CDU bestimmt nicht in der ersten Reihe. Und manche, die besser in der letzten Reihe geblieben wären, haben über Jahrzehnte hinweg die politischen Geschicke Berlins bestimmt. Meine Mutter hat immer gesagt: ›Wenn der Anfang schön war, dann sieh zu, daß das Ende genauso schön wird.‹ Na ja, es ist eben nicht jedem gegeben, beizeiten abzutreten. Wer allzu innig an seinem Posten klebt, braucht sich über einen unrühmlichen Abgang nicht zu wundern.«

❖

Doch nun genug von der Politik. Der Prozeß der deutschen Wiedervereinigung wie auch parteipolitische Auseinandersetzungen waren in den Jahren der Wende derart prägend, daß für private und familiäre Dinge nur wenig Raum blieb. Immerhin: Die großzügige Altbauwohnung, die Mania, Vanessa und Jochen Feilcke seit 1989 gemeinsam in Schöneberg bewohnen, entspricht voll und ganz den Vorstellungen der Globetrotterin von einem offenen großstädtischen und zugleich heimeligen Haushalt. »Unsere Wohnung ist Ruhezone und Treffpunkt zugleich. Wir haben häufig Gäste aus ganz unterschiedlichen Bereichen des gesellschaftlichen Lebens. Gleichzeitig finde ich hier die Ruhe und Abgeschiedenheit, die ich zur Regeneration brauche.

Wir hatten sogar das Glück, einen Teil unserer Nachbarn selbst aussuchen zu können. Kurz nach der Wende war Joachim Gauck bei uns zum Abendessen. Er sagte: ›Wenn ich mal ein richtiger Wessi werde, will ich auch so schön wohnen wie sie!‹ Eines Tages erhielt ich die betrübliche Nachricht, daß unsere alte Nachbarin next door, die sehr krank war, verstorben sei. Ich rief also bei der Gauck-Behörde an, bin aber nicht bis zu ihrem Leiter vorgedrungen, da seine Sekretärin, mit der ich mich inzwischen gut verstehe, wie ein Zerberus alles abwiegelte. Ich konnte also lediglich mitteilen, daß es persönlich sei und daß er mich doch zurückrufen möchte. To make a long story short: Herr Gauck ist inzwischen unser Nachbar. Ebenfalls nebenan wohnte der ehemalige Gesandte der amerikanischen Botschaft, Joel Levy. Heute ist er für die Ronald-Lauder-Foundation tätig, die sich die Stärkung des jüdischen Lebens und Glaubens in Deutschland auf ihre Fahnen geschrieben hat. Da unsere Tochter Vanessa eng mit seiner Frau Carol Levy befreundet ist, hatte sie die Möglichkeit, ihr Englisch in Form zu halten.

Die Levys sind sehr fromme Juden und achten mit Argusaugen darauf, daß ich selbst die jüdischen Rituale richtig praktiziere. Häufig waren wir an jüdischen Feiertagen bei den Levys eingeladen. Einmal jedoch ist mir in diesem Zusammenhang etwas wirklich Peinliches passiert: Alle meine Freunde wissen, daß ich jedes Jahr zu meinem Geburtstag am 8. November eine Party für sechzig bis siebzig Damen gebe. Dann ist hier regelmäßig der Teufel los. Wir hatten sogar hin und wieder Polizeiaufgebote vor dem Haus. Aber wer hat schon soviel echtes Meissner Porzellan im Schrank? Ich nicht! Deshalb mußte ich mir den Rest von Carol Levy borgen. Kurz bevor die Gäste kamen – alles war bereits zubereitet und fertig dekoriert -, fand sich Carol Levy bei mir ein und sah, daß ich Fleisch, Milchspeisen und Schalentiere auf denselben Tellern zur Herstellung von Kanapees liegen hatte. Da ich die Zutaten nicht ordnungsgemäß voneinander getrennt hatte, war die Zubereitung nicht koscher. Und so mußte ich auf das Porzellan aus Frau Levys Beständen kleine Zettelchen legen, auf denen stand: ›Ich bitte um Verständnis, daß dieses Geschirr nur für Milchspeisen verwendet werden darf.‹ Das gleiche bei den Fleischgerichten. Dieses Süppchen hate ich mir selbst eingebrockt. Nun mußte ich es auch auslöffeln.«

❖

1988 und 1989 starben kurz nacheinander Mania Feilckes Eltern in Bet Shean – für ihre einzige Tochter ein trauriger Anlaß, in ihre alte Heimat zurückzukehren. »Meine Mutter ist Ende 1988 ganz plötzlich an einem Schlaganfall gestorben. Da die Beisetzungen in Israel schon achtundvierzig Stunden später erfolgt sein müssen, mußte ich mich sehr beeilen, um noch rechtzeitig von Deutschland nach Bet Shean zu kommen. Von Tel Aviv aus war ich nonstop mit einem Taxi unterwegs, wobei ich den Fahrer immer wieder aufgefordert habe, sich gefälligst zu beeilen. Der schnellste Weg führte durch einige arabische Dörfer, wo Sicherheitssperren aufgebaut waren. Das Taxi mußte halten, und als mich ein bewaffneter Posten nach meinen Absichten befragte, hielt ich ihm meinen israelischen Paß vor die Nase und teilte ihm mit, daß ich Leutnant der israelischen Armee sei. Der Posten inspizierte das Foto und sagte lächelnd: ›Das ist aber schon lange her, Leutnant!‹ ›Mehr als zwanzig Jahre‹, habe ich geantwortet. Dann hat er salutiert, wie sich das bei einem Leutnant gehört, und uns weiterfahren lassen.

In Bet Shean waren die Beerdigungsfeierlichkeiten bereits in vollem Gange. Der Trauerzug war schon auf der Straße, um den Sarg meiner Mutter von unserem Haus zum Friedhof zu tragen. Verwandte waren kaum da, denn die meisten waren ja im KZ umgekommen. Dafür aber viele Nachbarn, Freunde und Bekannte meiner Eltern, mit denen sie über Jahre hinweg gute Beziehungen gepflegt hatten. Kurz vor meiner Ankunft hatte ich noch einen großen Strauß Rosen gekauft, den die übrigen Gäste nun ebenso beargwöhnten wie mein schwarzes, großstädtisch wirkendes Armani-Kleid, in dem die überhastete Reise angetreten hatte. Und da stand ich nun am Grab meiner Mutter, gemeinsam mit einem gebrochenen Mann, der nach über fünfzig Jahren gemeinsamer Ehe seine Weggefährtin verloren hatte. Mein Vater war kaum wiederzuerkennen. Er war, bei aller Bescheidenheit, den weltlichen Dingen durchaus zugewandt gewesen, trank regelmäßig seinen Wodka und rauchte noch in hohem Alter Gitanes ohne Filter. Aber jetzt war es mit all dem vorbei. Er grämte sich sehr und hatte in der kurzen Zeit, die ihm noch bleiben sollte, wenig Freude am Leben.

Normalerweise ist es üblich, daß der älteste Sohn einer jüdischen Familie die Grabrede hält. ›Kiddusch‹ nennt man diese letzten segnenden Worte im Hebräischen. Da es in unserer Familie keinen ältesten Sohn gab, hatte ich ausnahmsweise diese traurige Verpflichtung zu übernehmen und bin ihr – weil ich keine Zeit hatte, mich vorzubereiten – nur sehr schlecht nachgekommen. Mein Vater nahm das alles gar nicht mehr richtig wahr. Er war schon vorher ein wenig verwirrt gewesen, aber jetzt wurde sein Zustand von Tag zu Tag bedenklicher. Während der drei Tage, die ich nach der Beisetzung noch in Bet Shean geblieben bin, habe ich einen Studenten bezahlt, damit er sich in nächster Zeit um ihn kümmerte. Mein Vater hat ihn aber gar nicht ins Haus gelassen, weil er ihn nicht kannte und wohl Angst hatte, jemand wolle ihn mitnehmen. Er wollte nämlich auf keinen Fall in ein Altersheim und hat sich regelrecht in seiner Wohnung verschanzt. Irgendwie brachen in dieser Zeit auch seine schrecklichen Erinnerungen an die Nazizeit wieder durch, die er so lange erfolgreich verdrängt hatte. Nachbarn erzählten mir später, daß er von Deportationen phantasiert hätte und sein Haus kaum mehr verlassen habe.

Etwa ein Jahr später ist er dann gestorben. Nicht zuhause, sondern in einem Krankenhaus, in das man ihn wegen eines Oberschenkelhalsbruchs gebracht hatte. Ich glaube nicht, daß er realisierte, wo er sich befand. Er hat alle Ärzte als Nazis beschimpft und in der Nacht die Schläuche entfernt, die man ihm gelegt hatte. Das war sein Tod. Ich bin nach Israel gereist, um als nächste Angehörige die Leiche meines Vaters zu identifizieren. Und diesmal war ich auch auf meine Grabrede besser vorbereitet. Dann mußte noch unsere alte Wohnung in Ordnung gebracht und geräumt werden. Abgesehen von ein paar Bildern, die mir als Erinnerungsstücke bedeutsam waren, habe ich das gesamte Mobiliar an unsere Nachbarn verteilt. Die marokkanischen Juden, die in der Nähe meines Elternhauses lebten, waren arme Leute, die sich über diese unerwartete Schenkung sehr freuten.

Das Grab meiner Eltern liegt übrigens ganz in der Nähe unserer alten Wohnung in Bet Shean. Es war gar nicht so einfach, dort einen Platz zu reservieren. Da meine Eltern aber unbedingt auf diesem Friedhof beigesetzt werden wollten, hatte ich mich bereits viele Jahre vorher darum gekümmert. Jüdische Friedhöfe sind ganz schlicht und schmucklos. Es gibt dort weder Kränze noch Blumen, sondern einfach die nackten Grabsteine, auf die Verwandte oder Freunde gelegentlich kleine Steinchen zum Zeichen ihrer Wertschätzung der Toten legen. Noch heute fahre ich gelegentlich gemeinsam mit meinem Mann nach Bet Shean, da ich für die Grabpflege verantwortlich bin. Und manchesmal habe ich vor ihrem Grab gestanden und mich gefragt, warum unser Verhältnis ein so schwieriges gewesen war. Meine Eltern haben sich ein Bild von mir gemacht, dem ich zu entsprechen hatte, während ich mir ein Bild von der Welt gemacht habe, dem ich gefolgt bin.

Wir haben, wenn ich es recht bedenke, in völlig verschiedenen Gedankenwelten gelebt, hatten vollkommen konträre Prioritäten. Ohne es zu wollen, haben sie mich ihr Leben lang unter einen extrem hohen Erfolgsdruck gesetzt. Das galt für meine Schulzeit ebenso wie für meine Ausbildung und Berufswahl. Erfolgsdruck und Schuldgefühle – diese ungute Mischung nahm in meiner

Beziehung zu ihnen einen sehr großen Raum ein. Daß meine älteren Geschwister im KZ umgekommen waren, nahmen sie zum Anlaß, sich voll auf mich zu konzentrieren und dabei eine Erwartungshaltung aufzubauen, die meinerseits nur zur Distanzierung führen konnte. ›Die Guten sterben ...‹, haben sie immer gesagt, wenn sie mit einer meiner Entscheidungen oder Wünsche nicht einverstanden waren. Solche Äußerungen – die ich im Geiste vervollständigte: ›... und ich bin am Leben!‹ – haben mich schwer belastet, weil sie mir indirekt zu verstehen gaben, daß ich eine Schuld trug, von der ich damals nicht genau wußte, wie sie beschaffen war und worin mein ›Vergehen‹, wenn es denn eines sein sollte, eigentlich bestand. Heute weiß ich: Meine Schwächen sind meine Stärken – und umgekehrt.

Wen ich heiratete, war ihnen im Grunde egal, solange es bloß kein sephardischer Jude war. Das hätten sie niemals akzeptiert – und ich hätte es auch nicht gewagt. Und als ich schließlich einen deutschen Mann heiratete, einen Nicht-Juden, verhielten sie sich reserviert. Ich bin nicht sicher, ob meine Chuzpe ausgereicht hätte, sie mit einem zweiten deutschen, nicht-jüdischen Ehemann zu konfrontieren. Aber das haben sie nicht mehr erlebt. In der Operette ›Der Zigeunerbaron‹ von Johann Strauß gibt es eine Stelle, die mir in diesem Zusammenhang sehr passend erscheint: Das Stück dreht sich um eine Brautschau, bei der der Vater des heiratswilligen Mädchens die größten Vorbehalte gegen den nicht-jüdischen Bewerber an den Tag legt. Aber natürlich bekommen sich die Liebenden am Ende doch!«

All diese Faktoren mögen erhellen, daß Mania den Tod ihrer Eltern in gewisser Hinsicht als eine Befreiung erfahren und verarbeitet hat. »Unser Verhältnis war widersprüchlich und, was meine Person betrifft, ein lebenslanger Emanzipationsprozeß. Einerseits liebte ich meine Eltern, weil sie über lange Jahre hinweg meine engsten Bezugspersonen waren und alles getan hätten, um für mein Wohlergehen zu sorgen. Andererseits hatte ich stets das Gefühl, daß ihre Vorstellungen davon, wie ich mein Leben einzurichten hatte, mit meiner eigenen, persönlichen Entwicklung nicht in Einklang zu bringen waren, daß diese Vorstellungen letztlich nicht allzu viel mit mir zu tun hatten. Sie haben, um ein Beispiel zu nennen, nie wirklich verstanden, was mich zur Medizin hinzog. Ihrer Vorstellung nach sollte ich entweder Geigerin oder Lehrerin werden. Sie haben meine Berufswahl aber akzeptiert und waren, als ich erste Erfolge vorzuweisen hatte, auch stolz auf meine Leistungen. Ich glaube jedoch nicht, daß sie meine Beweggründe, mich auf diesem Gebiet zu engagieren, je ernsthaft reflektiert haben. Es ist schade, es ist traurig, aber so war es nun einmal. Ein unlösbarer Konflikt.«

❖

Da sich Mania neben der Unterstützung ihres Mannes auch in Deutschland weiterhin im medizinischen Bereich betätigen wollte, hat sie sich zu Beginn der neunziger Jahre an den damaligen Rektor der Humboldt-Universität, Professor Heinrich Fink, gewendet, um sich vorzustellen und Möglichkeiten einer praktischen Mitarbeit mit ihm zu erörtern. Fink, der später aufgrund seiner Tätigkeit für die Staatssicherheit sein Amt niederlegen mußte, zeigte sich ihren Vorschlägen gegenüber aufgeschlossen. »Auf seinem Schreibtisch stand eine Menora, und als ich ihn darauf ansprach, stellte ich fest, daß er ein ausgeprägtes Interesse an Fragen des Judentums und der israelischen Geschichte an den Tag legte. Nachdem wir uns ein Weilchen unterhalten hatten, sagte er, er habe eine gute Idee. Ich solle mich doch einmal beim damaligen Dekan der Charité, Professor Harald Mau, melden, um mit ihm alles weitere zu besprechen. Möglicherweise sei an der Charité etwas auf die Beine zu stellen, was meinen Vorstellungen entspreche.

Professor Mau fand ebenfalls Gefallen an meiner Idee, das Einwerben von Spendengeldern für bedürftige krebskranke Kinder aus Tschernobyl professioneller als bisher zu organisieren. Ich bekam also zunächst eine offizielle Stelle in der Abteilung für Presse- und Öffentlichkeitsarbeit, die sich auf derselben Etage wie das Büro des Dekans und seines Stabs befand. Ich muß sagen, daß ich damals ziemlich stolz darauf war, mich für ein solch renommiertes Krankenhaus nützlich machen zu können. Die große Tradition der Charité reicht bis zu Rudolf Virchow zurück. Viele jüdische Ärzte haben in der Vergangenheit hier gewirkt, wovon unter anderem ein Gemälde von Max Liebermann zeugt, das sich im Besitz des Krankenhauses befindet.

Ein geeignetes Betätigungsfeld für mich war bald gefunden: Ich hatte erfahren, daß nach der Wende noch zahlreiche Kinder, die von dem Tschernobyl-Unglück betroffen waren, in der Charité behandelt wurden. Und so habe ich die gemeinnützige Organisation ›Charity for Charité‹ gegründet – eine Initiative für krebskranke Kinder. Bis zur Wiedervereinigung wurden die Betroffenen alle kostenlos behandelt. Danach schlug die Stunde der Krankenkassen und Versicherungen nach westdeutschem Vorbild. Da diese Kinder aber keine Deutschen sind, sind sie bei uns auch nicht versichert. Die Charité hat immer den Standpunkt vertreten, kein Kind abzuweisen. Eine Knochenmarktransplantation kostet aber nun einmal rund 60.000 DM, und dieses Geld mußte aufgebracht werden. Also habe ich gemeinsam mit Professor Mau beschlossen, mich der Sache anzunehmen. In meiner Funktion als Gründerin des Vereins habe ich Gabriele Erhardt, die Frau des damaligen Wissenschaftsenators Professor Manfred Erhardt, für den Vorsitz gewinnen können. Zu den Gründungsmitgliedern zählte Angela Merkel, die sofort zugesagt hat. Hinzu kam der damalige Oberbürgermeister von Ost-Berlin, Tino Schwierzina. »Krebs bei Kindern«, schrieb Angela Merkel, damals noch Bundesministerin für Frauen und Jugend, in einem Grußwort zur Vereinsgründung, »- auf einmal ändert sich das Leben aller Beteiligten. Erschrecken, Angst und Trauer machen sich breit. In dieser Zeit brauchen die kleinen Patienten und ihre Angehörigen ganz besondere Zuwendung und Betreuung.«

Der im Oktober 1992 gegründete Verein, zu dessen Aufgaben unter anderem die Aufklärungs- und Informationsarbeit über Leukämieerkrankungen bei Kindern, die Beratung der Betroffenen, Hilfestellung bei der Ausschöpfung sozialer und finanzieller Ansprüche, soziale und psychische Betreuung der Angehörigen und die Unterstützung und Förderung von Selbsthilfegruppen gehören, hatte sehr schnell große Erfolge zu verzeichnen und war über Jahre hinweg sehr umtriebig. Durch zahlreiche Aktivitäten kamen rund 800.000 DM zusammen. Nach wie vor wird von der Charité kein Kind abgewiesen, doch kommen inzwischen nicht mehr so viele mittellose Kinder wie noch zu Beginn der neunziger Jahre nach Berlin. Und wenn doch, dann wird ihre Behandlung mit den Mitteln des Vereins finanziert. Anders als zu Beginn unserer Arbeit werden heute vor allem Gelder benötigt, um Knochenmarktransplationen durchzuführen und die Versorgung von Leukämie-Kindern zu gewährleisten. Der Fokus hat sich verschoben, das Engagement jedoch ist das gleiche geblieben.

Nach Erfolg und Konsolidierung des Vereins ›Charity for Charité‹, dessen Freundes- und Förderkreis ich noch heute angehöre, habe ich mich auf der Suche nach einer neuen Aufgabe mit Professor Roland Hetzer vom Deutschen Herzzentrum Berlin (DHZB) in Verbindung gesetzt«, der sich noch gut an diese Begegnung erinnert: »Mania hat mir sehr imponiert durch ihre große Energie, ihren flinken Geist und ihre Fähigkeit, Menschen zu erkennen. Menschen wie sie, die die Initiative ergreifen und beweglich sind, sind wichtig für Berlin.« Ihre Aufgabenstellung war hier im Prinzip die gleiche wie an der Charité. Sie bestand – und besteht nach wie vor – in der Beschaffung von Fördermitteln. »Was ich hier betreibe, nennt man wohl die hohe Kunst des Schnorrens. So mancher ergreift die Flucht, wenn er mich nur kommen sieht, weil er ahnt, worauf ich es abgesehen habe. Aber ohne Moos geht es eben nicht. Am Herzzentrum, eine der leistungsstärksten Schwerpunktkliniken der Bundesrepublik mit den bundesweit größten Operationsprogrammen in den Bereichen Herztransplatation, angeborene Herzfehler und künstliche Herzen, haben wir zwar auch deutsche Kinder, die aus soliden Verhältnissen stammen und kein Geld benötigen, aber eben auch eine ganze Reihe von Kindern aus den ehemaligen Ostblockstaaten, zum Beispiel aus dem ehemaligen Jugoslawien, die weitgehend mittellos sind und dennoch eine optimale medizinische Betreuung brauchen.

Die Klinik von Professor Hetzer gilt als die beste ihrer Art in Deutschland. Und da jede Mutter, deren Kind erkrankt ist, notfalls bis ans Ende der Welt fahren würde, ist der Zulauf beträchtlich. Wie die Charité weist auch das Herzzentrum prinzipiell kein Kind ab. Und um die Durchführung kostspieliger Untersuchungen für mittellose Kinder finanzieren zu können, betreibe ich Sponsoring zugunsten unseres Fördervereins, dessen Vorstand ich angehöre und der dem Ziel der wissenschaftlichen Förderung der Herzchirurgie verpflichtet ist. Das kann ein Golfturnier sein, eine Auktion oder ein Konzert, deren Erlöse für das Herzzentrum verwendet werden. Allein die Stella AG, die hier in Berlin das Musical-Theater am Potsdamer Platz betreibt, hat uns unter der Schirmherrschaft von Friede Springer 50.000 DM zur Verfügung gestellt. Durch solche Aktivitäten kommt Geld herein, das wir den Kindern zugute kommen lassen können. Meine Aufgabe besteht darin, die notwendigen Kontakte zu den jeweiligen Institutionen aufzunehmen.

Der Entscheidungsprozeß zur Freigabe von Mitteln aus dem Vereinsfonds sieht so aus: Professor Hetzer oder seine Mitarbeiter kommen auf uns zu, weil sie, sagen wir 50 oder 60.000 DM für einen bestimmten Patienten benötigen. Der Fall wird bei uns im Vorstand diskutiert, und dann stellen wir uns gemeinsam die Frage: ›Wie gehen wir's an?‹ Natürlich machen wir auch Einnahmen aus Beitragsmitteln. Das Herzzentrum hat einen Freundeskreis, die Gesellschaft der Freunde des Deutschen Herzzentrums e.V, der ebenfalls Beiträge leistet. Nicht zu vernachlässigen sind darüber hinaus Einzelpersonen, die selbst eine erfolgreiche Herzoperation hinter sich haben und sich sagen: ›Ich bin jetzt gesund und möchte meinerseits etwas dafür tun, daß auch andere seriös behandelt werden können.‹ Der Fonds für solche Zwecke kann gar nicht groß genug sein, denn die Behandlung jedes einzelnen Kindes kostet viel Geld. Eine Herzklappe auszuwechseln oder eine Herztransplantation durchzuführen, verursacht enorme Kosten, vor allem dann, wenn die Kinder nicht versichert sind.«

In Tätigkeiten wie diesen besteht heute Mania Feilckes Kontakt zur medizinischen Welt. Im Oktober 1998 wurde sie im Roten Rathaus wegen ihres Engagements für herz- und krebskranke Kinder sowie für die Völkerverständigung mit dem Bundesverdienstkreuz ausgezeichnet. Zu den Gratulanten gehörten neben prominenten Vertretern aus Politik, Wirtschaft und Diplomatie, darunter der damalige Israelische Botschafter Avi Primor, der damalige Berliner Innensenator Jörg Schönbohm und natürlich auch Nachbar Joachim Gauck.

»Ich finde es richtig und wichtig, sich für derartige Projekte einzusetzen. Gerade wenn es um das Wohl von Kindern geht, zeigen viele Leute ein Herz und sind bereit zu spenden. Diese Erfahrung habe ich sowohl an der Charité als auch am Herzzentrum machen können. Zu den Tschernobyl-Kindern, zum Teil auch zu ihren Eltern, haben wir über die Operationen hinaus einen engen Kontakt gehalten. Eines der betroffenen Mädchen, das später leider gestorben ist, wollte ich über Weihnachten zu uns nach Hause holen. Es war damals sieben Jahre alt, und meine Tochter hatte sich schon auf sie gefreut. Da jedoch während der Chemotherapie eine hohe Ansteckungsgefahr besteht und schon eine Erkältung ausreicht, um schwere Folgen nach sich zu ziehen, haben die Ärzte abgeraten. Vor Weihnachten haben wir dann eine große Fete im

Krankenhaus organisiert. Vanessa, die damals neun oder zehn Jahre alt war, hat für die Kinder Klavier gespielt. Am Herzzentrum liegen die Kinder meist auf der Intensivstation und werden auch nach dem Eingriff stationär behandelt. Da ist es kaum möglich, einen unmittelbaren Kontakt herzustellen.«

❖

Neben ihrer Tätigkeit am Herzzentrum hat sich Mania Feilcke ein zweites Betätigungsfeld erschlossen. Seit 1994 ist sie Gründungspräsidentin des Berliner Diplomatenclubs, der unter dem Namen »Willkommen in Berlin/Welcome to Berlin« Veranstaltungsprogramme für Diplomatenfrauen in der deutschen Hauptstadt entwickelt und später dem Auswärtigen Amt angegliedert wurde.

Die Gründung des Diplomatenclubs, der seit dem Umzug der Bundesregierung von Bonn nach Berlin erheblich an Stellenwert gewonnen hat, geht auf Jutta Fischer zurück, deren Mann Bernd Fischer damals Protokollchef des Regierenden Bürgermeisters Eberhard Diepgen gewesen ist. »Er kannte meinen Mann aus dem Bundestag und auch aus New York. Als wir uns einmal in Berlin trafen, erzählte er mir von den Überlegungen seiner Frau, einen Club für Diplomaten in der neuen deutschen Hauptstadt aufzubauen. So etwas gebe es schließlich nicht nur in Bonn, sondern auf der ganzen Welt, und folglich sei es höchste Zeit, einen solchen Club schon jetzt, also vor dem Umzug der Bundesregierung, auch in Berlin zu etablieren. Ich war spontan von der Idee überzeugt und habe Bernd Fischer gesagt: ›Zieh‹ du das auf, ich mach' mit!‹ Nach den schon recht konkreten Vorstellungen von ihm und seiner Frau sollte ich allerdings nicht nur ›mitmachen‹, sondern die Präsidentschaft des Clubs übernehmen. ›Schau‹ mal, du beherrschst viele Sprachen, dein Mann ist Politiker – das alles sind sehr gute Vorraussetzungen für ein solches Amt.‹ Also bin ich Präsidentin und Jutta Fischer ist Vizepräsidentin geworden. Mit ihrer Idee hat alles angefangen. Und dann haben wir uns gemeinsam auf die Suche nach prominenten Gründungsmitgliedern für ›Welcome to Berlin‹ begeben.

Die Satzung des Clubs besagte, daß mindestens zwölf Frauen bei seiner Gründung beteiligt sein mußten. 1994 war Ulrich Roloff-Momin Kultursenator. Und da ich den Club überparteilich aufziehen wollte, habe ich mit dessen Frau Christine Fischer-Defoy Kontakt aufgenommen, um ihr von unseren Absichten zu erzählen. Ich habe ihr erläutert, daß es wichtig sei, sie als Gründungsmitglied dabei zu haben, weil das kulturelle Angebot der Stadt einen hohen Stellenwert für die hier ansässigen Diplomaten besitze. Ihre Antwort war bezeichnend für das Image, mit dem die Diplomatie zur damaligen Zeit noch zu kämpfen hatte. Man war nicht an die Anwesenheit hochrangiger Diplomaten gewöhnt und hatte eine vage Vorstellung von ebenso mondänen wie nutzlosen Stehempfängen der Polit-Schickeria. Sie hat laut gelacht und gesagt: ›Oh Gott, da muß ich ja mit Hut erscheinen!‹ Wir sind inzwischen gut befreundet, deswegen kann ich diese Episode ruhig zum besten geben. Ich habe ihr jedenfalls geantwortet: ›Wissen Sie, der einzige Hut, den ich besitze, stammt von der israelischen Armee. Wenn sie das als mondän bezeichnen, brauchen sie nicht mitzumachen. Falls sie sich anders entscheiden sollten, sind sie herzlich willkommen!‹ Das schien sie überzeugt zu haben, denn sie ist zur Gründungsversammlung erschienen und auch Mitglied geworden. Ich wollte einfach nicht kommentarlos stehenlassen, daß ein solcher Club von ›Frauen mit Hütchen‹ betrieben wird, die sich bei Pferderennen amüsieren, sich zum Tee treffen und ansonsten nichts zu sagen haben. Was wir machen, machen wir im übertragenen Sinne ›ohne Hut‹ – obwohl ich gelegentlich ganz gerne einen trage.«

Mania Feilcke hatte sich bei der Übernahme der Präsidentschaft des Diplomatenclubs allerdings noch mit anderen Vorurteilen auseinanderzusetzen – Vorurteile, die sie persönlich betrafen. »Als ich Präsidentin des Clubs wurde, haben einige der Frauen hinter vorgehaltener Hand angemerkt: ›Die ist doch gar keine Berlinerin. Die ist doch völlig neu in der Stadt und kennt sich hier nicht aus!‹ Dazu kann ich nur anmerken, daß man ja zum Glück nicht an der Spree geboren sein muß, um sich als Berlinerin fühlen oder die Stadt repräsentieren zu können. Die meisten Berliner sind ja bei genauerem Hinsehen Zugereiste. Und mit denen verhält es sich letztlich genauso wie mit anderen Konvertiten: Will einer beispielsweise zum Judentum überwechseln, dann muß er eine so harte Prüfung über sich ergehen lassen, daß er hinterher mehr über die Grundlagen dieses Glaubens weiß, als die Juden selbst. So ähnlich ist es auch mit den sogenannten Zugereisten in Berlin. Die sind in aller Regel begeistert von der Stadt und kennen in kürzester Zeit alle Sehenswürdigkeiten aus dem ›Effeff‹ – anders als die mißtrauischen

Einheimischen, die im Leben nur etwa dreimal aus ihrem Kiez rauskommen. Kurzum: Gerade in Bezug auf Berlin ist das Argument, man müsse hier geboren sein, um den Charakter der Stadt verstehen zu können, unsinnig und haltlos.«

Am 15. September 1994 trat der Diplomatenclub unter der Federführung von Mania Feilcke und Jutta Fischer zum ersten Mal an die Öffentlichkeit – mit einer Modenschau im exklusiven Ambiente des Grand Hotel Maritim. Und »alle lernten die agile Mania als Motor und Symbolfigur des Clubs kennen: Die Ehefrauen der Diplomaten, die ›Damen der Berliner Gesellschaft‹, die wohlwollenden Professionals der internationalen Beziehungen und die auf das Ansehen Berlins bedachten Persönlichkeiten aus Wirtschaft und Politik«, heißt es in in einer Broschüre zu Manias fünfzigstem Geburtstag. Auf dem Programm von »Willkommen in Berlin« stehen Veranstaltungen im größeren Kreis wie zum Beispiel Vorträge, Besichtigungen und Ausflüge. Einmal jährlich unternehmen die Damen eine längere Reise durch verschiedene Bundesländer. Einmal pro Monat findet ein »Jour fixe« statt, zu dem jeweils einflußreiche Redner aus Kultur und Politik eingeladen werden. Das besondere Anliegen des Clubs besteht jedoch in der Einrichtung kleinerer Gruppen, die Gelegenheit bieten, sich gemeinsam bestimmten Themen und Tätigkeiten zu widmen und auf diese Weise persönliche Kontakte zu vertiefen.

❖

Inzwischen ist der am Auswärtigen Amt angesiedelte Diplomatenclub zu einem festen Bestandteil der sich neu formierenden Berliner Gesellschaft geworden. Zu den wichtigsten Beiträgen, die ein solcher Verein zur Herausbildung eines kosmopolitischen, weltoffenen Klimas in der deutschen Hauptstadt zu leisten vermag, zählt der Gedanke der Internationalität. »Ich hatte, bevor ich nach Berlin kam, einiges über die Geschichte der Stadt gelesen und war wie die meisten, die zu Beginn der neunziger Jahre hierher kamen, in einer euphorischen Stimmung. Berlin, hieß es damals, sei nach dem Fall der Mauer auf dem Weg in eine große Zukunft. Die Stadt sei endlich frei und kosmopolitisch. Natürlich waren wir froh, daß die Mauer weg war – aber kosmopolitisch? Da hatte ich doch meine Zweifel! Wenn man New York, Paris oder London kannte, erschien Berlin in jenen Jahren alles andere als metropolitan, weltoffen und multikulturell. Auf politischer Ebene war und ist Berlin eine Stadt, die sich groß wähnt, aber im kleinen Kreis geführt wird. Gewiß, die ganze Stadt war im Umbau und sollte ein neues Gesicht, ein neues Zentrum erhalten. Aber ich habe auch viele Leute aus Ost und West getroffen, denen die Verärgerung über die neuen Verhältnisse auf die Stirn geschrieben stand. Die gaben sich mürrisch, weil die Vereinigung für sie nicht schadensfrei über die Bühne gegangen war – um es mal vorsichtig zu formulieren.

Auch unter denjenigen, die neu nach Berlin gekommen waren oder aus dem Westen der Stadt stammten, war die Freude über die ›Freiheit‹ Berlins keineswegs ungeteilt. Nicht wenige hätten die Mauer gerne zehn Meter höher gehabt. Es kursierte die Ansicht, die ›Ossis‹ seien undankbar in Bezug auf die Segnungen der Wiedervereinigung. Die hätten doch ›am liebsten nur ein Fenster zum KaDeWe‹ gehabt, durch das alle Luxusartikel rübergeschmissen werden sollten. Solche Meinungen sind mir immer wieder zu Ohren gekommen. Und danach hätten sie dieses Fenster am liebsten wieder geschlossen. Ich glaube es war Heiner Müller, der in diesem Zusammenhang einmal geäußert hat, die Ossis hätten, anstatt sich den westlichen Verhältnissen anzupassen, einfach das KaDeWe plündern und sich dann wieder hinter die Mauer zurückziehen sollen. Solche Äußerungen empfand ich als sehr deprimierend, weil für mich als Jüdin und Israelin die neu gewonnenen Freiheit dieser Stadt wirklich etwas ganz besonderes darstellte. Im Grunde gab es für mich zwei entscheidende Gründe, nach Berlin zu gehen: Der erste war mein Mann, der zweite die neue Offenheit der Stadt, die ich als äußerst inspirierend und vielversprechend ansah.«

❖

Selbst im Hinblick auf die Anwesenheit hochrangiger internationaler Diplomaten, die mit der Verlegung des Regierungssitzes von Bonn nach Berlin gekommen waren, hatte sich Mania Feilcke in ihrer Funktion als Präsidentin des Diplomatenclubs mit tief verwurzelten Vorurteilen auseinanderzusetzen. »Viele sehen nur die großen Residenzen und gehen von dem Klischee aus, daß Diplomaten vergoldete Wasserhähne haben und überhaupt ein Leben in Saus und Braus führen. Aber längst nicht alle Residenzen sind so schön und aufwendig wie die der Amerikaner, der Franzosen oder der Briten. Länder wie Aserbaidschan, Ghana oder Mozambique unterhalten viel kleinere, bescheidene Residenzen. Das sind keine reichen Länder, aber sie präsentieren sich mit Stolz im Rahmen ihrer Möglichkeiten.

Allein ein protokollarisches Requisit wie der rote Teppich gibt Anlaß zu spöttischen Kommentaren. Und wenn dann noch jemand wie Joschka Fischer darüber läuft, kennt das Gemäkel keine Grenzen mehr. So nach dem Motto: ›Ein Grüner, der früher in Turnschuhen Politik gemacht hat, auf rotem Teppich – das paßt doch wohl nicht zusammen!‹ In Berlin hat man mit protokollarischen Dingen eben keine allzu große Erfahrung. Was sollte er als Außenminister denn sonst tun? Neben dem Teppich herlaufen? Alle Empfänge unterliegen einem strengen Protokoll. Die öffentliche Meinung geht ohne Kenntnis von Details davon aus, daß hier lediglich Champagner geschlürft und Kaviar verzehrt werde. Die Wahrheit ist, daß jedes Land, das einen Empfang ausrichtet, darüber entscheidet, was es zu essen und zu trinken gibt. Bei den einen gibt's Champagner oder Wein, bei den anderen Säfte oder Mineralwasser. Auf diesen Empfängen kann man im übrigen viel über die Kultur des jeweiligen Landes erfahren. Jedes Land serviert in der Regel seine typischen Spezialitäten, daneben werden folkloristische Besonderheiten dargeboten, Konzerte gegeben oder Ausstellungen organisiert, bei denen man ebenfalls einiges über die Vielfalt der kulturellen Prägungen lernen kann.

Diplomaten sind keine Menschen vom anderen Stern und schwimmen als Beamte auch nicht im Geld. Aber sie sind eine Bereicherung für Deutschland und für Berlin. Indem sie ihr Bild von Stadt und Land in die Welt tragen, treten sie zugleich als Botschafter Deutschlands auf. Das sollte man sich einmal klarmachen! Sie befördern den kulturellen Austausch und fallen, anders als viele glauben, dem deutschen Staat nicht zur Last. Diplomaten leben nicht von unseren Steuergeldern, sondern werden von ihren jeweiligen Ländern bezahlt. Nutzt ein Botschafter einen Dienstmercedes nebst Fahrer, dann steht ihm das zu! Soll er denn die U-Bahn nehmen oder mit dem Fahrrad zur Arbeit fahren? Es gibt ein weitverbreitetes Vorurteil, nach dem Diplomaten machen könnten, was sie wollten. Zum Beispiel parken, wo es ihnen gefällt, weil ihnen das Kennzeichen ›0‹ auf ihren Dienstwagen so eine Art Narrenfreiheit verleihe. Selbstverständlich unterliegen Diplomaten der Immunität, die ihnen einen gewissen Spielraum einräumt. Aber sie halten sich an die Regularien und Gesetze des Landes, in dem sie tätig sind. Das gilt für unsere deutschen im Ausland übrigens auch.«

❖

Als medienwirksame Repräsentantin des gesellschaftlichen Lebens der deutschen Hauptstadt wird Mania Feilcke oft nach ihrer Meinung über die Entwicklungschancen Berlins befragt. »Ich glaube, Berlin ist auf dem besten Wege, zu einer kosmopolitischen Metropole zu werden. Die Stadt bringt gute Voraussetzungen dafür mit: Das Stadtbild wird in architektonischer Hinsicht zunehmend repräsentativ. Neben den erhaltenen historischen Gebäudekomplexen haben inzwischen auch viele herausragende zeitgenössische Architekten ihre Handschriften hinterlassen. Doch das ist nur die eine Seite. Entscheidend ist aus meiner Sicht die zunehmende Internationalität der Stadt. Diese erfreuliche Entwicklung zeigt sich unter anderem im Kulturbereich. Das überaus vielfältige Angebot ist im bundesdeutschen Vergleich konkurrenzlos und kann sich auch auf internationaler Ebene sehen lassen. Zahlreiche internationale Künstler – Regisseure, Schauspieler, Tänzer, Maler und Bildhauer – kommen nach Berlin, weil sie glauben, in diesem urbanen Kontext ihre Ideen am besten umsetzen zu können. Das gilt nicht zuletzt auch für die junge Generation, die hier auf ein sehr reizvolles, vitales Umfeld trifft. Zu Mauerzeiten kamen ja vor allem Bundeswehrflüchtlinge und Aussteiger aus guten Familien nach Kreuzberg, um nicht zur Bundeswehr zu müssen. Heute siedeln sich die Bürgersöhne und -töchter mit Vorliebe am Prenzlauer Berg an, weil sie glauben, hier entstehe so etwas wie das Soho des Neuen Berlin.«

Betrachtet man die Herausbildung der neuen Berliner Gesellschaft aus historischer Perspektive, so muß festgehalten werden, daß sie zumindest in Bezug auf die Zeit nach dem Zweiten Weltkrieg ein Novum darstellt. Anders als etwa in Städten wie Hamburg, München, Düsseldorf oder Wiesbaden hat sich in Zeiten der Zweistaatlichkeit keine ›Gesellschaft‹ im eigentlichen Sinne mehr herausgebildet. Berlin war eher als ein Sammelbecken unterschiedlicher sozialer Milieus zu bezeichnen. Feste gesellschaftliche Strukturen jedoch sind unter diesen Vorzeichen nicht mehr entstanden – auch dies ein Abbild der inzwischen ja schon sprichwörtlich gewordenen ›Offenheit‹ der Stadt, die eben auch einer spezifischen Form der ›Unfertigkeit‹ Vorschub geleistet hat. Erst mit der Wiedervereinigung und der damit verbundenen Ansiedlung wichtiger Institutionen in Berlin, hat die Stadt die Grundlagen gesellschaftlicher Profilbildung zurückerlangt, die sie zu Beginn des Jahrhunderts einmal auszeichnete.

Die Herausbildung einer Gesellschaft ist mit der Anwesenheit und Tätigkeit von Menschen und Einrichtungen verknüpft, die sie repräsentieren. »Ich glaube«, sagt Mania Feilcke, »daß Clubs wie der meinige oder auch der International Club Berlin, die allseits als elitär gelten, einen Teil zur Entstehung dieser neuen Gesellschaft beitragen. Mit dem Elitären oder Exklusiven ist es in Deutschland ja immer so eine Sache: Sobald die ›Elite‹ ins Spiel kommt, treten auch die Mahner und Warner auf den Plan, die mit erhobenen Zeigefingern an die Gleichheit der Menschen erinnern. Mein Standpunkt ist ein anderer: Warum sollte man eine Sache, die gut und überzeugend ist, nicht als elitär bezeichnen dürfen? Hierzulande hat man fast das Gefühl, sich dafür schämen zu müssen, wenn etwas über das Normalmaß hinausragt. Elitär, darauf weise ich immer wieder hin, ist nicht gleichbedeutend mit ›Schickeria‹ oder ähnlichem Unfug. Das sind zwei verschiedene Paar Schuhe.

❖

Eine Art ›Gesellschaft‹ hatte sich in Berlin übrigens bereits zu Zeiten der Alliierten etabliert. Jeder bessere Anwalt, Arzt oder Politiker hat sich mit Vorliebe mit ranghohen Vertretern der amerikanischen, britischen oder französischen Schutzmächte in deren Clubs getroffen, weil er annahm, man gehöre irgendwie dazu, wenn man in solchen Kreisen verkehre. Diese Leute, die ich für ›small minded‹ halte, haben durch den Mauerfall und die Zuwanderung der Bonner natürlich einen großen Einbruch erlebt. Die fühlen sich jetzt ausgegrenzt und unbedeutend.

Hinzu kommt im Hinblick auf das ehemalige West-Berlin ein eklatanter Bedeutungsverlust der Landespolitik: Früher gingen die hochrangigen Staatsbesuche in Bonn über die Bühne. Viele namhafte Staatsgäste haben der geteilten Stadt Besuche abgestattet, um ein Zeichen zu setzen. Bill Clinton, die Queen, Prinz Charles – sie alle sind mit dem Regierenden Bürgermeister durchs Brandenburger Tor geschlendert. Das tun sie auch heute noch, nur diesmal in Begleitung des Bundespräsidenten oder des Kanzlers. Der Regierende ist natürlich ebenfalls dabei, spielt aber nicht mehr die erste Geige. Insofern kann man sagen: Es ist wie früher in Bonn. Mit dem Unterschied freilich, daß die Berliner Politik nicht daran gewöhnt ist und eine Rückstufung zu verdauen hat.

Die gesamte protokollarische Sitz- und Kleiderordnung hat sich nach dem Regierungsumzug verschoben. Das kann man überall beobachten. Wer früher in der ersten Reihe saß, findet sich jetzt, wenn er Glück hat, in der fünften wieder. Auch vor diesem Hintergrund ist es kaum verwunderlich, daß beide Seiten – die Bonner wie die Berliner – eine gewisse Abneigung gegeneinander kultivieren. Für die schnoddrigen Berliner sind die Bonner nichts als freudlose Beamte, die sich mit einer echten Großstadt schwertun. Die Bonner wiederum machen sich über die Geschmacksunsicherheiten in ›Parvenüpolis‹ lustig und lassen kaum eine Gelegenheit aus, die ›Herz-mit-Schnauze-Mentalität‹ der angeberischen Hauptstädter zu bespötteln. Es hat ja nicht von ungefähr viele eingeschworene Umzugsgegner in Bonn gegeben, die sich heute in Berlin wiederfinden. Und dabei geht längst nicht jeder so erfrischend offensiv mit seiner anti-berlinischen Vorgeschichte um, wie mein alter Freund Friedel Drautzburg, der in seiner Ständigen Vertretung am Schiffbauerdamm echtes Kölsch verkauft und sogar Karneval feiert. Drautzburg, der mich übrigens in seiner unnachahmlichen Art als ›Konsumterroristin‹ bezeichnet, bildet sozusagen den Brückenkopf der Rheinländer in Berlin, und es wundert mich überhaupt nicht, daß sein Lokal jeden Abend proppenvoll ist. Es lindert das Heimweh der heimatlos gewordenen Bonner und ist auch für viele Berliner zu einer Kultadresse geworden.

❖

Ich selbst kann mich, wenn ich an meine Jahre in Bonn zurückdenke, gewisser nostalgischer Gefühle nicht ganz erwehren. Mein Mann sagt immer: ›Dir fehlen das Siebengebirge und die Eifel, das kann ich dir in Berlin nicht bieten.‹ So hat eben jede Stadt ihren eigenen, unverwechselbaren Charakter. Bonn ist überschaubar, gepflegt und ruhig, Berlin dagegen unüberschaubar, schmutzig und laut. Eine Stadt für Lebensentwürfe aller Art. Das ist das Erschreckende wie auch das Reizvolle an dieser Stadt, die so viele

Möglichkeiten bietet. Im Moment ist Berlin wie New York: You can make the best out of it! Es tut sich unglaublich viel, die Konkurrenz ist auf jedem Sektor groß, was ich sehr begrüße, denn das steigert die Motivation jedes Einzelnen. Man muß die Gelegenheit wahrnehmen, es versuchen. Jetzt ist die Zeit, um die Chancen nutzen, die Berlin zu bieten hat. Und genau diese Formbarkeit – verbunden mit der Überzeugung, daß von Berlin im Moment die meisten und wichtigsten Impulse ausgehen – macht die Stadt etwa im Bereich der Hochkultur auch für große Namen attraktiv.

Nehmen wir ein Beispiel aus jüngerer Vergangenheit: Erst vor kurzem wurde eine Ausstellung mit Werken des großen Fotografen Helmut Newton und Arbeiten Pablo Picassos in der Neuen Nationalgalerie gezeigt. Zur Eröffnung war unter anderem Picassos Sohn anwesend. Ich bin beiden, Newton und Claude Picasso, persönlich begegnet und muß sagen: das war wirklich ein Erlebnis. Und zwar deshalb, weil es nicht selbstverständlich war. In New York mag die Anwesenheit von Prominenz zum Alltag gehören. Dort weiß man, daß man solche Leute an bestimmten Orten treffen und möglicherweise, wenn man in den entsprechenden Kreisen verkehrt, auch kennenlernen kann. Es ist einfach nichts Besonderes, die leben dort und müssen ja schließlich irgendwo hingehen. Und langsam wird diese Situation auch in Berlin zur Normalität.« Vielleicht ist dies eine brauchbare Definition für eine echte Metropole: Die Normalität des Besonderen. Oder die Ausnahme als Dauerzustand.

Etwas Besonderes ist es für viele Berliner, wenn ihnen wie aus heiterem Himmel ›prominente Menschen‹ über den Weg laufen, die sie bis dato nur aus den Nachrichten oder ganz allgemein aus dem Fernsehen kannten. »Für hiesige Verhältnisse ist es eine neue Erfahrung, mitten in der Stadt andauernd auf die ›Stars‹ des politischen Lebens zu treffen. Johannes Rau im KaDeWe, Joschka Fischer im Café Einstein, Gerhard Schröder im Borchardt – um nur einige zu nennen. Daran kann man sehen, daß Prominente, abgesehen von ihrem Status als bekannte Persönlichkeiten, eben auch ganz normale Bürger sind, die einkaufen müssen und sich vergnügen wollen. Die gehen wie jeder andere auch auf den Markt, ins Kino oder mit ihren Kindern Eis essen. Und wenn sie nicht allzu penetrant belagert werden, freuen die sich ja umgekehrt auch oft darüber, mit ›stinknormalen‹ Menschen in Kontakt zu kommen. Gerade für Politiker ist so etwas wichtig – das wurde im Zusammenhang des Regierungsumzugs vom lauschigen Bonn zu den sozialen Brennpunkten Berlins immer wieder zu Recht betont. Einerseits vermittelt es ein schiefes Bild, wenn man seine Informationen über sogenannte Promis ausschließlich über Gala oder die Bunte bezieht. Andererseits ist diese durch die Medien vermittelte Überhöhung eine wichtige Vorraussetzung für den Promi-Status dieser Leute. Man kennt es ja aus eigener Erfahrung: Zu große Nähe ruiniert die Aura!«

❖

Ein weiterer, allseits sichtbarer Indikator für die Entwicklung einer Metropole sind die Kleider, in denen sie sich zu präsentieren pflegt. Trotz einer inzwischen sehr vielseitigen Modeszene hält sich bis heute das zu Mauerzeiten entstandene Klischee, Berlin sei die Stadt der Trainingsanzüge, der schlampigen, bisweilen schrillen, im Ganzen aber doch eher geschmacklosen Kleidung, die wenig koste und von deren Verkauf kaum ein Händler leben können. »In Berlin«, so der Designer Udo Neumann, »kam die Mode immer von der Straße.« Schon zu Beginn des 20. Jahrhunderts hatte der Kulturkritiker Karl Scheffler die Spreemetropole als Stadt des schlechten Geschmacks charakterisiert. Auch wenn Berlin nicht mit Modezentren wie Mailand oder Paris mithalten kann, so ist am Ende des Jahrhunderts doch eine Veränderung des hiesigen Stils zu beobachten, die Mania Feilcke auf die zunehmenden Einflüsse internationaler Top-Designer zurückführt. »Viele Designer kommen heute nach Berlin. Wolfgang Joop, der sich ja in Potsdam angesiedelt hat, ist groß im Rennen, Karl Lagerfeld hat schon seit Jahren eine Affinität zu Berlin – wie nicht zuletzt seine Gestaltung des Ritz Carlton Hotels im Grunewald zeigt. Sandra Pabst halte nicht nur ich für eine sehr gute Designerin. Aber auch internationale Größen wie etwa Christian Dior oder die an der Hochschule der Künste lehrende Vivienne Westwood haben Modenschauen hier gehabt. Ich denke, es hat sich in den vergangenen Jahren einiges getan. Berlin ist auf dem besten Wege, zu einem echten Modezentrum mit ganz eigenem Profil zu werden. Vielleicht ist dieser Weg manchmal länger als man glaubt, aber positive Ansätze sind in jedem Fall auszumachen.

Ich habe kürzlich mit einer der deutschen Top-Designerinnen in Deutschland geredet, mit Caren Pfleger aus Köln, die jetzt mehr in

Berlin machen will. Wissen sie, was die sagt? ›Die Musik spielt jetzt in Berlin! Bei euch ist was los, also gehe ich nach Berlin, um dort etwas auf die Beine zu stellen.‹ Berlin ist die Schaubühne Deutschlands für die Welt. So wie wir uns hier präsentieren, wird Deutschland von der Welt wahrgenommen. Das muß man sich manchmal vor Augen führen, um zu erkennen, was wir für eine Verantwortung haben und wohin uns andererseits eine kurzsichtige Politik führen kann. Schon aus diesem Grund muß sich die Stadt von ihrer besten und tolerantesten Seite zeigen.

Ein weiterer Aspekt, der imagebildend eingesetzt werden könnte, ist die Vielfalt, die hier auf nahezu jedem Gebiet besteht. Jeder kann, im wahrsten Sinne des Wortes, nach seiner Facon selig werden. So tolerant zumindest ist man hier bereits. Berlin ist, bei allen Vorbehalten, die gegen sie vorgebracht werden könnten, keine spießige Stadt. Das Wort ›spießig‹ habe ich überhaupt erst kennengelernt, als ich nach Deutschland kam. Man hatte mich gewarnt: ›Du wirst einen Haufen spießiger, oberlehrerhafter Deutscher kennenlernen!‹ Habe ich auch! Aber genauso viele Nicht-Spießige! Und die bekannte Redensart: ›Der liebe Gott weiß alles, der deutsche Lehrer weiß alles besser!‹ gilt ja wohl für sämtliche Lehrer der Welt, sogar für die israelischen. Was heißt überhaupt spießig? Es kommt doch immer darauf an, wie man diesen Begriff definiert. Sehen wir mal von den Neureichen ab, die's nötig haben, dann sind viele meiner deutschen Freunde mit einer gesunden Bescheidenheit ausgestattet. Das ist eine Eigenschaft, die bei den Deutschen besonders ausgeprägt zu sein scheint und die mir sehr imponiert. Wer etwas hat oder tut, spricht nicht groß darüber, sondern hält sich bedeckt, weil ansonsten ...«

❖

Wie so oft im Verlauf unseres Gesprächs, schweifen wir ausgiebig vom Thema ab und kommen zügig vom Haupt- auf Nebenwege. So ist das eben, wenn man sich auf eine Unterhaltung mit Mania Feilcke einläßt. Das dauert dann. »Haben sie genug Bänder dabei? Wollen sie noch einen Kaffee? Oder vielleicht von diesen Keksen hier? Die hat mir die Frau des saudi-arabischen Botschafters mitgebracht. Lustig, nicht? Israel unterhält keine diplomatischen Beziehungen zu Saudi-Arabien – ich schon! Daran sollten die sich mal ein Beispiel nehmen!« Und so weiter und so weiter, in mindestens drei Sprachen. Bei unserem Versuch, die Beschaffenheit, vielleicht sogar die Konturen der neuen Berliner Gesellschaft ein wenig genauer einzugrenzen, kommen wir schließlich auf die Ballsaison zu sprechen. Mania Feilcke vertritt die Ansicht, daß die Veränderung innerhalb der Berliner Gesellschaft am Beispiel der Bälle exemplarisch veranschaulicht werden kann. »Seit der Bundespresseball in Berlin stattfindet, ist der Berliner Ball ein bißchen ins Hintertreffen geraten. Ich war in den letzten beiden Jahren auf dem Bundespresseball im Interconti. Die Plazierung ist hart umkämpft, denn viele wollen an diesem Ereignis teilhaben, weil sie glauben, hier spiele die Musik. Alle sind ganz versessen darauf, die Prominenten aus ganz Deutschland zu sehen, die diese exklusive Veranstaltung besuchen. Auf dem Berliner Presseball war zwar auch Prominenz anwesend, lokale zumeist, aber auch das sogenannte Volk konnte teilnehmen – sofern es sich eine Karte leisten konnte. Man hat immer ein bißchen gelächelt, wenn man hier auf waschechte Fleischer oder Bäcker traf. Aber andererseits – wieso eigentlich nicht? Sie wollten sich eben amüsieren und hatten bezahlt. Ansonsten hatte man ja in Berlin kaum die Gelegenheit, Prominente aus der Nähe zu sehen. Eine solche Offenheit für das breite Publikum ist beim Bundespresseball nicht möglich. Die Karten werden nicht offiziell verkauft, sondern in streng rationierten Kontingenten zugeteilt und mit persönlichen Einladungen versehen. Im Vergleich zur früheren Praxis ist es elitärer geworden, weil es jene Leute ausgrenzt, die nicht auf den Einladungslisten stehen und schon zahlenmäßig nicht dazugehören können.

2001 stand der Berliner Ball unter dem Motto ›Polen‹. Der polnische Staatspräsident Aleksandar Kwasniewski war anwesend. Da ich selbst in Polen geboren wurde, bin ich natürlich auch hingegangen. Außerdem bin ich mit dem polnischen Botschafter Andrzej Byrt befreundet, der es mir übel genommen hätte, wenn ich mich dort nicht hätte blicken lassen. Man sollte schon aus Solidarität und alter Verbundenheit weiterhin zum Berliner Ball gehen – er hat Tradition. Zudem finde ich es toll, daß sich hier nach altem Brauch die Gesellschaftsgruppen vermischen. Man hat in Berlin ja heute beides: Einerseits den Bundespresseball mit seiner selektiven Einladungspolitik, und andererseits die Mischung aus Prominenz und ›normaler‹ Bevölkerung, die den Berliner Ball auszeichnet. Groß und klein. So ist für alle Bedürfnislagen gesorgt. Ich halte das für ein weiteres Indiz dafür, daß Berlin langsam hauptstädtischer wird.«

Neben diesen saisonalen Großveranstaltungen, die mit großem Medienaufgebot zelebriert werden, gibt es in Berlin aber auch eine Reihe spezieller Bälle, mit deren Protokoll sich Mania Feilcke ebenfalls bestens vertraut zeigt. »Ein sehr schöner, traditioneller Ball ist der des ADAC, den ich ausgesprochen gerne besuche. Nicht zu vergessen auch den Kaufmanns-Ball, den der VBKI veranstaltet. Da gehe ich jedes Jahr mit Vergnügen hin.« Auf die Frage, was aus ihrer Sicht das Faszinierende an Bällen sei, hat Mania prompt eine ebenso einfache wie überzeugende Antwort parat: »Ich tanze eben gerne, deshalb gehe ich auf Bälle! Hinzu kommt der gesellschaftliche Aspekt: Ich treffe dort Freunde und Bekannte, lerne neue Leute kennen und unterhalte mich prächtig. Das ist eigentlich schon alles. Natürlich geht es auch darum, zu sehen und gesehen zu werden. Aber das gilt ja eigentlich für die meisten Veranstaltungen dieser Art.«

❖

Nicht nur der Bundespresseball, auch verschiedene andere gesellschaftliche oder kulturelle Events, die in der deutschen Hauptstadt veranstaltet werden, sind heutzutage nicht für jedermann zugänglich. Handverlesene Gäste mit handgeschriebenen Einladungen erhöhen nun einmal die Wertigkeit der Programme und verleihen der Sache jenen angenehmen Hauch von Exklusivität, dessen die Berliner Gesellschaft offenbar mehr als alles anderen bedarf. »Nehmen sie zum Beispiel den sogenannten Ladies-Lunch, der einmal jährlich im Reichstag stattfindet. Da treten vor einem ausgewählten Teilnehmerkreis Gäste aus Politik, Wirtschaft oder Kultur auf, um einen Vortrag zu halten und anschließend über bestimmte Themen zu diskutieren. Ein anderes Beispiel ist der von Walter Müller, dem Chef der Daimler-Benz-Niederlassung Berlin, organisierten Ladies-Day, der während der German Ladies-Open in Grunewald durchgeführt wird. Hier kann man nicht nur in der wunderbaren Atmosphäre des LTTC Rot-Weiß den besten Tennisspielerinnen der Welt zuschauen, sondern unterstützt auch noch einem guten Zweck. Die Einnahmen dieser Ladies-Days sind in den vergangenen Jahren unter anderem für die Mukoviszidose-Stiftung von Christiane Herzog oder zugunsten von Doris Schröder-Köpfs Verein »Nummer gegen Kummer« verwendet worden. Ich selbst führe regelmäßig einen eigenen Ladies-Tag mit den Diplomatengattinnen durch.«

Geschlossene Gesellschaften, Closed-Shop-Atmosphäre – da sind wir erneut bei einem Thema angelangt, das bereits im Zusammenhang der Gründung des Diplomatenclubs zur Sprache gekommen war und hierzulande nach wie vor einer umfassenden Rechtfertigung zu bedürfen scheint – beim elitären Charakter solcher Veranstaltungen nämlich. »Natürlich kann man sagen, hier werde eine Art Ausgrenzung betrieben. Aber so würde ich das nicht sehen. Das Beispiel der Ladies-Open zeigt doch sehr schön, das solche Events mit einem guten Zweck verbunden sein können, von dem hinterher viele profitieren. Warum sollte man das also nicht machen? Es bringt doch etwas! Ich kann nur wiederholen: Man darf gesellschaftliche Empfänge dieser Kragenweite nicht mit selbstgenügsamen Schickimicki-Treffen verwechseln, wie sie in München, Hamburg, Düsseldorf, Berlin und überall auf der Welt auf der Tagesordnung stehen. Was wir machen, hat nichts mit Hedonismus zu tun, sondern steht in einem bestimmten gesellschaftlichen Kontext, ohne den es solche Veranstaltungen überhaupt nicht gäbe.

Daß nicht jeder eingeladen wird, dient nicht der Verfestigung von Klassenunterschieden, sondern trägt zu etwas bei, das ich persönlich für sehr wichtig erachte: Zur Profilierung der gesellschaftlichen Teilbereiche. Die kleinen oder auch großen Unterschiede, die in Stil- oder Geschmacksfragen nun einmal bestehen, werden durch solche Events kultiviert und dadurch überhaupt erst erkennbar. Ich bin doch auch nicht Mitglied in jedem Club. Im Havanna-Club, dessen Ehrenmitglied ich bin, sind Frauen deutlich in der Minderheit. Na und!? Das ist eben den Männern vorbehalten, die gerne in bequemen ledernen Clubsesseln sitzen, über das Weltgeschehen plaudern und dabei edle, seltene Zigarren rauchen. Ist doch wunderbar! Obwohl es nichts mit mir zu tun hat! Wir sind eben nicht alle gleich, sondern haben unterschiedliche Interessen, denen wir in solchen Einrichtungen nachgehen können.

Auch das Wiedererblühen der scheinbar untergegangenen Berliner Salonkultur gehört in diesen Zusammenhang. Was ist denn beispielsweise der private Salon von Nicolaus Sombart anderes als ein bildungsbürgerlich-elitärer Zirkel von Ästheten und solchen, die es partout werden wollen? Es gibt in Berlin ja zahllose Gruppen Gleichgesinnter, denen an Distinktion gelegen ist. Diese Vorstellung wird durch die Mitgliedschaft in geschlossenen Kreisen nach außen hin dokumentiert. Das ist eine Entwicklung, die im Verlauf der neunziger Jahren erkennbar zugenommen hat und sich heute an zahlreichen, zum Teil vollkommen skurril anmutenden Club- oder Vereinsgründungen belegen läßt. Nicht zuletzt der Zuzug des Adels nach Berlin hat diese Entwicklung beschleunigt. Es liegt wieder im Trend, nach Hoppegarten rauszufahren und sich Galopprennen anzuschauen. Meine Freundin Tini Gräfin Rothkirch engagiert sich sehr für das Wiedererblühen dieser altehrwürdigen Anlage und lädt mich hin und wieder zu einem Rennen ein. Wenn irgendwo das Klischee zutrifft, nach dem die Frauen der guten Gesellschaft Hüte tragen, dann in Hoppegarten. Pferderennen und Hüte gehören ebenso zusammen wie Erdbeeren mit Schlagsahne zu Wimbledon gehören.

❖

Einerseits beobachte ich eine Tendenz zur Abschottung innerhalb bestimmter gesellschaftlicher Gruppierungen, andererseits werden ehemals exklusive Beschäftigungen, die traditionell der High Society vorbehalten waren, popularisiert. So haftete dem Golfsport bei uns lange Zeit das Etikett einer Freizeitbeschäftigung für die oberen Zehntausend und einige Neureiche an. Noch vor zehn Jahren war ›Golf‹ für die breite Öffentlichkeit ein Fremdwort. Es galt als ›Polo zu Fuß‹. Als Politiker durfte beispielsweise mein Mann nur heimlich im Urlaub spielen, weil eine solches Hobby für einen Parteifunktionär in seiner Position ein wenig vorteilhaftes Bild abgegeben hätte. Heute spielt beinahe jeder Golf. In den neuen Bundesländern gibt es ganze Ortschaften, die von Golfclubs leben, weil diese den Tourismus ankurbeln. Auch das Vorurteil, Golfplätze zerstörten die Landschaft, kann ich so nicht gelten lassen. Das Gegenteil ist der Fall: Sie tragen zu ihrer Gestaltung bei. Ich möchte eine Landschaft sehen, die durch eine Golfanlage ruiniert worden wäre! Die wortgewaltigen Kritiker dieses Sports sollten sich gelegentlich einmal überlegen, was vorher an diesen Orten losgewesen ist! In England oder Irland ist Golf ein Volkssport. Inzwischen hat auch in Deutschland ein Golf-Boom eingesetzt, der – wie zuvor bereits beim Tennis – zu einer Neubewertung dieser hierzulande lange Zeit als exklusiv angesehenen Sportart beigetragen hat.«

Wie ihr Mann und ihre Tochter ist Mania Feilcke Mitglied im 1895 gegründeten Golf- und Landclub Berlin-Wannsee, der wohl feinsten Adresse für die Ausübung dieses Sports in der Umgebung der Hauptstadt. Es gibt nicht wenige, die die Golfanlage in Wannsee für eine der schönsten ihrer Art in ganz Deutschland halten. »Viele der Damen in meinem Club spielen Bridge. Das ist nichts für mich, weil ich nicht längere Zeit irgendwo sitzen könnte, ohne zu quatschen. Da ist Golf schon besser. In Israel hatte ich keine Gelegenheit dazu gehabt, und in Kolumbien und Ghana hielt ich mich noch für zu jung, um diesen Sport ernsthafter auszuüben. Inzwischen bin ich alt genug und habe ein paar Stunden genommen. Aber es nützt nicht viel – ich bin einfach zu ungeduldig, um kontinuierlich zu trainieren. Anders als meinem Mann und meiner Tochter, die beide gute Golfer sind, fehlt es mir an Demut. Wenn mich jemand nach meinem Handicap fragt, pflege ich möglichst beiläufig zu antworten: ›Ich habe keins – ich verbessere mich!‹«

Golf ist schön, macht aber viel Arbeit – könnte man in freier Variation eines berühmten Satzes von Karl Valentin festhalten. Deswegen hat Mania Feilcke weitere Betätigungsfelder gesucht und gefunden, denen sie in ihrer Freizeit nachgehen kann. Reisen zum Beispiel, sich auf Flohmärkten herumtreiben, Musik hören. Wir wären schon beinahe zum nächsten Thema übergegangen, da fällt Mania noch ein zentraler Aspekt ihrer Freizeitgestaltung ein: »Das wichtigste hätte ich ja fast vergessen: ›Window-Shopping!‹ Das geht so: Ich gehe die Fasanenstraße entlang, lasse schweren Herzens die phantastischen Auslagen von Chanel und Cartier an mir vorüberziehen, um dann bei Rena Lange all den Zaster auf den Kopf zu hauen, den ich bis dahin gespart habe.«

❖

Als Person des öffentlichen Lebens ist Mania Feilcke natürlich auch häufig in den Restaurants, Cafés und Clubs der Stadt unterwegs. Gastronomische Trends faßt sie dabei als einen Gradmesser für die gesellschaftliche Entwicklung Berlins auf. »Wenn ich ausgehe, stelle ich oft fest, daß viele neue Leute in der Stadt sind, die alle ihre Nische suchen, das Feld sondieren und ihr Terrain abstecken. In den neunziger Jahren hat es eine Vielzahl von Neugründungen gegeben, von denen sich einige wirklich gute Konzepte behaupten konnten. Mitunter hört man, wenn wieder ein neuer Club oder eine neue Bar eröffnet: ›Es gibt doch schon so viele!‹ Aber das ist nicht das Problem, denn schließlich gibt es doch auch genug internationale Gäste, die froh sind, aus einem vielseitigen Angebot auswählen zu können. Wie ich sehe, sind die Lokale nicht leer. Schauen sie sich nur die vielen neuen Nobellokale rund um den Gendarmenmarkt an: Das Borchardt, Lutter & Wegner, die Newton Bar, das Vau und wie sie alle heißen. Die sind doch alle gut besucht! Und wenn ich stattdessen in ein gutes türkisches Restaurant gehen möchte, dann bevorzuge ich immer noch in den Kreuzberger oder Schöneberger Kiez! Zu Bereicherung der gastronomischen Landschaft haben letztlich auch die Landesvertretungen der jeweiligen Bundesländer beigetragen, die ihre regionalen Besonderheiten in die Hauptstadt mitbrachten. Vor kurzem wurde ich zu einer Wittenberger Weinauslese eingeladen. Das Laubenpieperfest, das all die Jahre in Bonn stattfand, wird jetzt in Berlin veranstaltet. Natürlich gibt es auch ein Oktoberfest an der Spree. Fehlen eigentlich nur noch der Rhein und die Alpen – aber die schaffen wir auch noch her!«

Doch auch auf diesem Gebiet finden sich hartnäckige Skeptiker, die Einwände gegen die wachsende Präsenz ortsfremder Küchen auf die wählerischen Gaumen der Märker an den Tag legen. »Als sich Michael Käfer im Reichstag etablierte, hat man anfangs gesagt: ›Oh Gott! Noch ein Münchner! Was wollen die denn alle hier?‹ Da kann ich nur sagen: Über dem Reichstagsportal steht ›Dem Deutschen Volke‹ und nicht ›Dem Berliner Volke‹! Hinzu kommt: Die Leute gehen doch hin! Kein Münchner hat meines Wissens in Berlin Hausverbot! Das Schlagwort von der ›Münchnerisierung‹ Berlins, das vor einiger Zeit in der Presse die Runde machte, weil nach Christoph Stölzl und Hans Ottomeyer nun auch noch Julian Nida-Rümelin herkam, ist einfach unsinnig. Das sind doch alles vielgereiste Kosmopoliten, die kommen von überall her und reisen auch wieder überall hin. Und eine Weltstadt lebt nun einmal vom Austausch!«

❖

Von hier aus ist es nur ein kleiner Schritt, und man ist bei der von Friedrich Merz, dem Vorsitzenden der CDU/CSU-Bundestagsfraktion, aufgebrachten Debatte um die deutsche »Leitkultur«. Wer wie Mania Feilcke ein wenig in der Welt herumgekommen ist, kann einem solchen Begriff nur skeptisch gegenüberstehen. »Ich halte davon nichts! Für meine Begriffe lebt jede Kultur von der Vielfalt ihrer Einflüsse. Und nicht davon, daß sie sich abschottet. Die kulturellen Besonderheiten der Araber, Slawen, Chinesen oder Afrikaner sind für uns in Deutschland allemal eine Bereicherung. Ich brauche nur an das Stadtbild von Jerusalem zu denken, das nicht zuletzt deshalb so reizvoll ist, weil es von ganz unterschiedlichen architektonischen Stilen geprägt ist. Oder an den großartigen, bunten Basar, den die islamischen Botschafterfrauen organisieren. Ich war gemeinsam mit Monika Diepgen dort, und wir haben von allem gekostet. Wären mir Friede Springer und Irina Pabst nicht zuvorgekommen, hätte ich sicher noch viel mehr eingekauft. Auch wenn solche Veranstaltungen, die zumeist auch noch einem guten Zweck dienen, das mit dem Begriff ›Leitkultur‹ angesprochene Problem nicht in seiner gesamten Dimension repräsentieren, so führen sie doch überzeugend vor Augen, wie wichtig der wechselseitige Austausch der Kulturen auch für ein Land wie die Bundesrepublik Deutschland ist.

Aus meiner Sicht wäre es besser gewesen, auf die wertende Silbe ›Leit‹ zu verzichten. Denn mit ihr ist der Anspruch verbunden, anderen Kulturen überlegen zu sein. Es ist doch vollkommen klar, daß es nicht darum gehen kann, die kulturellen Prägungen des deutschen Volkes über Bord zu werfen und stattdessen zum Beispiel eine islamische Republik auszurufen. Man sollte das alles etwas entspannter sehen. Fast überall auf der Welt ist es üblich, daß sich Zuwanderer mit den kulturellen Gepflogenheiten ihres Gastlandes vertraut machen. Das halte ich für selbstverständlich, denn schließlich wollen sie ja hier leben. In Israel beispielsweise müssen die Imigranten einen Sprachkurs ablegen, damit sie sich unter den neuen Gegebenheiten überhaupt zurechtfinden. Als ich die amerikanische Staatsbürgerschaft beantragt habe, mußte ich zuerst einen ›Citizen-Test‹ bestehen und dabei unter anderem Abraham Lincoln und Thomas Jefferson fehlerfrei zitieren – ›with the people, for the people, by the people‹ ... oder so ähnlich. Und auch für meine Green Card hatte ich mich einem Test zu unterziehen, habe das Ganze aber als etwas Positives aufgefaßt. ›Die sind bereit mich aufzunehmen‹, dachte ich, ›also muß ich auch bestimmte Voraussetzungen erfüllen.‹ Es mag sich vielleicht hart anhören, aber ich finde, wenn jemand die deutsche Staatsangehörigkeit annehmen will, dann muß er sich auch mit der deutschen Vergangenheit identifizieren. Er muß sich fragen, ob er Bürger eines Landes mit dieser Geschichte werden will, und nicht allein die Gegenwart als Richtmaß nehmen. Das wäre aus meiner Sicht zu kurz gegriffen. Ich halte es für wichtiger, sich mit der Geschichte Deutschlands im Ganzen auseinanderzusetzen, als etwa die Frage richtig zu beantworten, wer gerade Bundeskanzler oder Bundespräsident ist. Hätten wir in Deutschland so strenge Einwanderungsauflagen wie etwa in den USA, wäre das Geschrei sicher groß! Deswegen stehe ich auf dem Standpunkt, daß die Diskussion um die ›Leitkultur‹ eine typisch deutsche ist und nur hier eine so heftige Reaktion auslösen konnte.«

Was das Verhältnis der Deutschen gegenüber ihren ausländischen Mitbürgern angeht, fällt überdies eine Paradoxie ins Auge, die auch Mania Feilcke nachdenklich stimmt: »Einerseits sehen es viele Deutsche nicht gern, wenn Ausländer in ihrer Nachbarschaft wohnen, andererseits rennen dieselben Deutschen begeistert in die Stadien, wenn ein ausländischer Goalgetter Tore für ihre Fußballmannschaft schießt. Man fährt nach Griechenland in den Urlaub, hört griechische Musik, ernährt sich ausschließlich von Gyros – doch kaum ist man zuhause, gelten die alten Vorurteile wieder. In den meisten Discotheken wird ›schwarze Musik‹ aufgelegt, aber in längst nicht allen sind Schwarze als Gäste gern gesehen. Mit den Leuten will man nichts zu tun haben, aber ihre Musik ist in Ordnung. Man darf sich doch nicht nur die Rosinen herauspicken, sich das aussuchen, was einem am Ausland gerade gefällt, und über dem Rest den Stab brechen. Was ist denn das für eine menschenverachtende Haltung!? Der ausländische Torjäger hat noch sechs Geschwister. Sind sie uns ebenso willkommen? Viele Deutsche gehen bei der Bewertung von Ausländern selektiv vor. Es gibt ›gute‹, gegen die nichts einzuwenden ist, solange man sich mit ihnen identifizieren kann, und es gibt die übrigen, die man am liebsten ›zurück in die Wüste‹ schicken würde. Das Bedenkliche an dieser Form der Selektion ist weniger, daß die Sympathien ungleich verteilt werden – das ist unter Menschen ja durchaus normal -, als vielmehr die Tatsache, daß die Vergabe von Sympathiepunkten im Grunde nichts mit den Personen und ihren Schicksalen zu tun hat. Sie werden zu Objekten vorgefaßter Urteile, die ihnen wie Preisschildchen anhaften.«

❖

Es gehört zu den Grunderfahrungen menschlichen Zusammenlebens, daß nicht jeder mit jedem gleichermaßen kann. Das gilt unabhängig von Herkunft oder Hautfarbe. Was wären Freundschaften schon wert, wenn man seine Gunst nach objektiven Kriterien verteilte? Keinen Pfifferling! Daraus folgt, daß echte Freunde selten sind und sorgsam gepflegt werden müssen. »Ich habe in vielen Ländern gelebt«, erzählt Mania Feilcke, »aber wenn ich meine Freunde aufzählen sollte, würden zwei Hände ausreichen. Natürlich hat man als Person des öffentlichen Lebens viele Bekanntschaften. Aber das ist etwas anderes. Man darf, denke ich, den Begriff ›Freundschaft‹ auch nicht überstrapazieren. In der Politik zum Beispiel gibt es sogenannte Parteifreunde. Aber ich kann ihnen sagen: Mit solchen ›Freunden‹ braucht man keine Feinde!

Einen besonderen Fall stellen Frauenfreundschaften dar. Das ist ein Kapitel für sich. Unter Frauen mit Charakter können durchaus gute und enge Freundschaften entstehen – unter der Voraussetzung, daß jede von ihnen selbstbewußt genug ist, keinen Neid aufkommen zu lassen. Das hört sich einfach an, ist bei Licht betrachtet aber eine höchst komplizierte Angelegenheit. Irgendwo ist immer ein wenig Neid im Spiel – ich schließe mich da nicht aus. Das ist allzu menschlich. Wem es schlecht geht, der hat keine Neider. Sobald aber Neid und Mißgunst überwiegen, dann kann man das meiner Ansicht nach nicht als Freundschaft bezeichnen. Wenn ich eine tolle Frau treffe und sage oder denke: ›Mensch, wie die aussieht, so möchte ich auch aussehen!‹, dann ist das ein nachvollziehbarer Reflex, aber keine Mißgunst. Denn ich nehme meinem Gegenüber nichts weg. Mein Motto lautet: Lieber beneidet als bemitleidet. Neid ist schließlich auch eine Form der Anerkennung.

Mit Freundschaften zu Männern ist das einfacher, denn hier kommt die Koketterie und die Eitelkeit ins Spiel – und das ist in jedem Fall leichter zu steuern. Führe ich zum Beispiel ein wichtiges Gespräch mit einem Mann, dann habe ich es in der Regel leichter. Ihr Männer seid leichter auszurechnen; und wenn Gefühle ins Spiel kommen, schaltet euer Gehirn ab. Handelt es sich um eine Frau, dann sollte sie selbstbewußt genug sein, sich nicht auf unnötige Rivalitätsgerangel einzulassen, die von der Befürchtung ausgehen, man könnte sich gegenseitig die Show stehlen. Auch unter Männern kommt es natürlich zu Rivalitäten. Beim Verhältnis zwischen Männern und Frauen jedoch spielen der Flirt und die Koketterie die dominierende Rolle.

Die meisten Frauen, mit denen ich im Diplomatenclub zu tun habe, nehmen am politischen und gesellschaftlichen Geschehen regen Anteil und sind in jeder Hinsicht ›open minded‹. Die Mitglieder sind allesamt Persönlichkeiten mit eigenem Anspruch. Schlimm sind die Frauen, die ihren Status von dem ihres Mannes – beziehungsweise von seiner Gehaltsgruppe – ableiten. Dieser Typus ist der natürliche Feind jener selbstbewußten Frauen, die sich alles selbst erarbeitet haben. Trotzdem bin ich mit einer dieser Frauen befreundet. Was sie ist, verdankt sie ihrem Mann. Sie hat eingeheiratet. Eines Tages kommt eine andere Frau auf mich zu und sagt: ›Ich mußte mich durch die Uni quälen, um promovieren zu können. Deine Freundin hat auf dem Standesamt promoviert!‹ An diesem kleinen Tratsch kann man sehen, daß nicht jede Frau, die von den Verdiensten ihres Mannes profitiert, automatisch hoch angesehen sein muß. Dennoch sagt man nicht von ungefähr: ›Hinter jedem großen Mann steht eine starke Frau!‹ Die unterstützen ihren Mann wo sie nur können, sind durch seine ständige Abwesenheit praktisch alleinerziehende Mütter und betätigen sich nebenher noch für wohltätige Zwecke – wie etwa das Beispiel von Hannelore Kohl zeigt. Diese Arbeit sollte man keinesfalls unterschätzen. Ein großer Mann kann nur dann groß sein, wenn zuhause alles in Ordnung ist.«

❖

Durch ihre langjährigen Aufenthalte im außereuropäischen Ausland hat Mania Feilcke die Möglichkeit zum Vergleich. Wie werden in anderen Ländern Freundschaften bewertet und wie kommen die Deutschen vor diesem Hintergrund weg? »Ich habe festgestellt, daß viele Deutsche nicht leicht als Freunde zu gewinnen sind. Als gälte es, irgendeinen kostbaren Schatz zu hüten, lassen sie nur ungern jemanden an sich heran. Die Amerikaner sind in dieser Hinsicht ganz anders. Als ich in New York lebte, war ich glücklich, wenn die Leute einfach nett zu mir waren. Stellen sie sich vor, sie kommen morgens nach einer anstrengenden Nacht zur Uni und sehen einfach katastrophal aus. Dann treffen sie eine Studienfreundin, die ihnen freudestrahlend entgegenruft: ›Oh, you're looking lovely!‹ Da freut sich doch der Mensch! Ihr nimmt es nichts und ihnen tut es gut. Es ist wie eine Notlüge, die niemandem schadet.

In Deutschland hält man diese Verhaltensmuster für zu oberflächlich. Und entsprechend fallen denn auch hierzulande die Begrüßungsfloskeln aus. Treffe ich hier eine Bekannte, dann kann es sein, daß ich erst mal zu hören bekomme: ›Mein Gott, du siehst aber schlecht aus! Aber hast' dir ja was neues zum anziehen gekauft!‹ Das ist genau die Art von Reaktion, die ich nicht ertragen kann. Ist das typisch deutsch? Ich weiß es nicht, jedenfalls ist es in Deutschland besonders stark ausgeprägt. Überall sonst, wo ich bisher gewesen bin, sagt man in solchen Fällen: ›Du siehst blendend aus und das neue Kleid steht dir prächtig!‹ Man gönnt sich das eben. Hier offenbar nicht!

Vielleicht hängt diese negative Grundhaltung mit einer allgemeinen Übersättigung zusammen. Ich wundere mich manchmal über Menschen, die alles haben – die gut aussehen, gesund sind, gesunde Kinder, Erfolg im Beruf, Geld und ein großes Auto haben – und die trotzdem mißgünstig gegenüber anderen sind. Weshalb? Man kann doch schließlich nur in einem Auto sitzen! Gleichzeitig, meine ich. Auch die Amerikaner orientieren sich ja bekanntlich am Prinzip der Besitzstandsmehrung – ›Keep up your sources!‹ Anders als die fröhlichen Kapitalisten in der Neuen Welt geben es die Deutschen aber nicht gerne zu. Die pflegen stattdessen ihr Image der Bescheidenheit und verbergen dahinter gelegentlich ihre Mißgunst. Und noch etwas: Wer erfolgreich ist, vergißt allzu leicht, daß der Erfolg oft nur von kurzer Dauer ist. Nur wenige beachten die Regel, beim Aufstieg an die Freunde zu denken, die sie hinter sich lassen und die sie beim Abstieg wiedertreffen. Ich persönlich halte ohnehin die Zeiten für spannender, in denen man seinen Erfolg vorbereitet.

Natürlich kann ich trotz der genannten Einschränkungen auch eine Reihe wirklich gelungener Freundschaften ins Feld führen, auf die ich sehr stolz bin. Meine Freundin Simone Volmer, die Frau des Staatsministers Ludger Volmer von den Grünen, ist die Schirmherrin unseres Diplomatenclubs und eine attraktive junge Frau. Zwischen uns gab es niemals Neid oder Rivalität. In politischer Hinsicht sind wir manchmal unterschiedlicher Auffassung. ›Ich bin bei den Grünen, du in der Gesellschaft‹, sagt sie manchmal, aber wir ergänzen uns hervorragend. Wenn ich frotzelnd zu ihr sage: ›Komm', wir gehen ins Borchardt, da essen auch die Grünen ab und zu ganz gerne!‹, dann läßt sie sich nicht lange überreden, und alles ist, verzeihen sie mir den Kalauer, im ›grünen Bereich‹. Als sie mit einer anderen Freundin in New York war, ist sie in einem ganz bescheidenen Hotel abgestiegen. ›Aber weißt du was, ich bin bei Tiffany gewesen und hab' dir zum Geburtstag einen Kugelschreiber mitgebracht!‹ Wenn eine Grüne zu Tiffany geht, um mir eine Freude zu machen, dann will das schon einiges heißen! Zu Weihnachten hat sie gesagt: ›Du bist so weit weg von deiner Heimat, und hinreisen kann man im Moment ja auch nicht so ohne weiteres. Deshalb schenke dir das ganze Land, damit du es immer bei dir hast.‹ Dann hat sie den bereits erwähnten Tisch aus Birnbaumholz ausgepackt, bei dem unter einer Glasplatte die Karte von Israel eingelegt ist. Eine solche Freundschaft ist für mich etwas ganz Besonderes und Schönes. Dabei ist es vollkommen gleichgültig, ob man nun Deutsche ist oder derselben Religion angehört. Mein Mann ist nicht unbedingt ein enger Freund von Eberhard Diepgen – das ist kein Geheimnis. Trotzdem ist Monika Diepgen immer meine Freundin geblieben. Daran kann man sehen, daß man durchaus auch jenseits von politischen Demarkationslinien miteinander befreundet sein kann. Wir sind uns einfach sympathisch, das hat mit Politik überhaupt nichts zu tun.«

❖

Als Israelin wird Mania gelegentlich auf ihren deutschen Mann und auch auf ihre deutschen Freunde und Bekannten angesprochen. Wie sie das denn mit ihrer Herkunft und jüdischen Identität vereinbaren könne. »Ich antworte dann aus Überzeugung: ‹Die sind allesamt anständig, aufrichtig und loyal, die sind sogar pro-israelisch eingestellt. ›Na ja‹, bekomme ich dann des öfteren zu hören, ›die sprechen dir doch nach dem Mund.‹ Was soll ich dazu sagen? Natürlich kann man den Menschen nicht in die Köpfe schauen. Aber wenn ich mich auf die Äußerungen und Handlungen der mir nahestehenden Personen nicht verlassen könnte, gäbe es überhaupt kein Vetrauensverhältnis mehr.

Speziell in Berlin beobachte ich eine sehr breite und vielfältige Unterstützung von Projekten, die Israel zugute kommen. Mein Mann ist Vizepräsident der Deutsch-Israelischen Gesellschaft und Vorsitzender der DIG Berlin, einer überparteilichen Organisation, die einen wichtigen Beitrag zur Förderung und Entwicklung der menschlichen, kulturellen und wirtschaftlichen Verbindungen zwischen Deutschland und Israel leistet. Ich brauche nicht zu betonen, was Axel Caesar Springer für unser Land getan hat. Und seine Witwe Friede Springer steht zu einhundert Prozent hinter diesem Engagement – ob es sich nun um Reisen nach Israel oder die Förderung bestimmter Initiativen handelt. Ich habe keinen Zweifel, daß sie das aus Überzeugung tut.

Allerdings habe ich auch Bekannte, die ihre negative Meinung über Israel offen formulieren. Ich finde das völlig in Ordnung, denn es ist immer besser, wenn jemand seine wahren Ansichten äußert und man sozusagen dem Feind ins Gesicht sehen kann. Manche allerdings verbergen ihre Ablehnung hinter einer Kritik an der israelischen Regierung. Denn tatsächlich kann man über unser gespanntes Verhältnis zu den Palästinensern, um ein Beispiel zu nennen, durchaus geteilter Meinung sein. Ich finde doch auch nicht, daß wir alles richtig machen! Deswegen ist es meiner Ansicht nach auch nicht als grundsätzliche Feindseligkeit gegenüber Israel und den Juden zu bewerten, wenn jemand frei heraus einen begründeten Standpunkt zu bestimmten politischen Fragen an den Tag legt.

Was ich schlimm finde, ist vielmehr die Tatsache, daß man jenen Deutschen, die ihre Haltung offen formulieren, sofort eine antisemitische Grundhaltung attestiert. Es ist doch nicht alles, was mit Israel oder dem Judentum zusammenhängt, ohne Fehl und Tadel, sozusagen sakrosankt. Wenn ich etwas Negatives über Israel, die Juden oder die Jüdische Gemeinde sage – was gelegentlich vorkommt -, sage ich augenzwinkernd zu meinen Bekannten: ›Ich darf so etwas sagen, ihr nicht!‹ ›Genau!!!‹, sagen die dann, ›so ist es! Wir Deutschen dürfen das nicht – und dein Mann auch nicht!‹ Wir äußern das halb im Scherz, aber im Grunde sind derartige Denkblockaden natürlich nicht so erfreulich. Das gleiche Schema trifft man im übrigen an, wenn es um Ausländer im allgemeinen geht: Wenn sie als Deutscher etwas gegen Ausländer vorzubringen haben, müssen sie jedesmal versichern, kein Rassist zu sein. Solange es solcher rechtfertigenden Zusätze bedarf, liegt grundsätzlich etwas im argen. Die Versicherung: ›Ich hab‹ nichts geklaut!‹ bedeutet genausoviel wie: ›Ich bin verdächtig!‹ Irgendwann müssen wir lernen, dieses Schema, das während der gesamten Nachkriegszeit Gültigkeit hatte, durch eine – wie soll ich sagen? – entspanntere und entkrampftere Form der Auseinandersetzung abzulösen. Deutschland und Israel unterhalten zwar einen ›normalen‹ diplomatischen und politischen Kontakt, doch dieser bewußte, behutsame Umgang miteinander ist noch lange kein Zeichen für Normalität. Normalität im herkömmlichen Sinne wird es wohl auch nie geben. Diese Beziehung wird immer eine außergewöhnliche sein.«

Das verquaste, nach wie vor verkrampfte Verhältnis der Deutschen zu uns Juden kann zuweilen skurrile Blüten treiben. »In New York kannte ich einen Deutschen, der mich irgendwie bewunderte. Er verehre mich als Frau, hat er gesagt, und daß ich außerdem noch Jüdin sei, gebe der Sache einen ganz besonderen Kick! Na vielen Dank! Das ist doch nicht ›normal‹! Unreflektierter Philosemitismus ist fast so schlimm wie dümmlicher Antisemitismus. Entweder die Deutschen empfinden dieses absurde historische Kribbeln, wenn sie mit einem Juden in Kontakt kommen, oder sie üben sich in rhetorischer Selbstzensur. Wenn ich mir, als temperamentvoller Mensch, alles, was ich sagen will, vorher genau überlegen sollte, dann würde ich den ganzen Tag nur mit Nachdenken zubringen. So etwas könnte ich nicht! Spontaneität ist meine Stärke, das wird so bleiben, wohin das Leben auch führen mag.«

Das war's also – vorläufig. »Ich habe fast alles gesagt, manches wird und muß mein Geheimnis bleiben. Selbstzensur findet nicht statt, nur Diskretion, wo es sich geziemt. Im 'Bild ohne Rahmen' ist noch Platz für viele neue Geschichten. Ich bin gespannt auf das, was kommt!«

Glossar

(Übersicht der jiddischen und hebräischen Begriffe, die in diesem Buch genannt werden)

Aschkenasim: Ostjuden; Juden aus Mittel- und Westeuropa.
Bammel: Angst.
Barches: Schabbat-Brot.
Bessamim: Wohlgerüche.
betucht: wohlhabend.
Chanukka: Tempelweihefest, auch: ›Lichterfest‹.
Chuzpe: charmante Frechheit, Unverschämtheit, Gewitztheit.
Daffke: wörtl: so und nicht anders; Trotzhaltung.
Dalles: leere Kasse oder leerer Magen.
Diaspora: (griech.), Streugemeinde, religiöse Minderheit.
dufte: gut.
Get: Scheidungsurkunde.
Goi: Nichtjude.
haarig: sehr unangenehm.
Hatikvah: Hoffnung; israelische Nationalhymne.
Hawdala: Schabbatzeremonie; Übergang zwischen Feiertag und Alltag.
Holocuat: (griech.), Tötung einer großen Zahl von Menschen, besonders der Juden während des Nationalsozialismus.
Iwrit: hebräische Sprache.
Jom Kippur: Versöhnungstag.
Kaff: Steigerung: Kuhkaff; Dorf (abschätzig).
kaschern: reinigen.
keß: Verbindung aus Aggressivität und Chuzpe.
Kibbuz: Dorfkollektiv in Israel.
Kiddusch: Segnung; Rede des ältesten Sohnes am Grab seiner Eltern.
Kinneret: Harfe; der See Genezareth wird aufgrund seiner Form als Yam Kinneret bezeichnet.
Knesset: israelisches Parlament.
koscher: rein, sauber (im Sinn der Thora).
kungeln: heimlichtun, Cliquenwirtschaft betreiben.
Lachaim: Zum Leben ›Prosit!‹ sagen.
malochen: arbeiten gehen.
Mame: Mutter.
Masel: Glück (vgl. vermasseln; Schlamassel).
mauscheln: unlautere Absprachen treffen.
Menora: siebenarmiger Leuchter; Symbol des Staates Israel.
meschugge: verrückt.
mies: ungünstig, schlecht.
Mikdasch Me'at: kleines Heiligtum.
mogeln: schummeln, betrügen.
Moos: Geld (auch: Kies, Kohle, Parnoße, Pinke).

Moshav: landwirtschaftliche Gemeinschaft in Israel.
Mossad: israelischer Geheimdienst.
Mumpitz: Unfug.
Pekkalech: kleine Päckchen/Paketchen (statt Koffer).
Penne: Schule.
Pessach/Passah: jüdisches Osterfest.
pleite: bankrott; erledigt.
Rabbiner/Rabbi: Lehrer.
Ramsch: Schleuderware.
Rosch ha-Schana: jüdisches Neujahrsfest.
Sabbrah: Begriff mit mehreren Bedeutungen: gebürtige Israelin; Kaktusblüte; Likörsorte.
Schabbat/Sabbat: Ruhe, wichtigster jüdischer Feiertag von freitags- bis samstagsabends.
schachern: handeln.
schäkern: anbändeln.
Schidduch: jüdische Verkupplungsstrategie.
Schlamassel: Pech, Unglück (vgl. Masel).
schnorren: betteln; die Kunst der Geldbeschaffung.
schofel: schäbig, gemein.
Schtetl: kleine Stadt.
Shalom: Friede, heil; jüdische Begrüßung.
Seder: Ordnung; Anfang des Pessach-Festes.
Sephardim/Sefardim: Westjuden; Juden aus Spanien, Afrika und arabischen Ländern.
Siddur: Gebetbuch.
Stuß: Unsinn.
Sukka/Sukkot: Laubhütte, jüdisches Laubhüttenfest.
Tacheles: Klartext (reden); Gegenteil von Schmus.
Talmud: jüdische Lehrsammlung der nachbiblischen Zeit.
Tinnef: Dreck, schlechte Qualität.
Thora/Tora: Weisung, Lehre; die fünf Bücher Mosis; mosaisches Gesetz; in der Thora erklärt Gott seinem Volk seinen Willen.
vermasseln: verderben.

Personenregister

Bildnachweis

S. 101: © Rolf Böhmer, S. 114: © Helga Simon, S. 115 (u.): © B.Z., S. 116 (u.): © Presse- und Informationsdienst der Bundesregierung. Alle übrigen in diesem Buch wiedergegebenen Fotos und Dokumente entstammen dem privaten Archiv von Mania Feilcke.

Zum Autor

Dr. Steffen Damm, Jg. 1965, Cheflektor des Bostelmann & Siebenhaar Verlags, wissenschaftlicher Mitarbeiter am Institut für Kultur- und Medienmanagement der Hochschule für Musik »Hanns Eisler« Berlin, zahlreiche Veröffentlichungen, u.a. zur Berliner Kulturgeschichte und zur Gegenwartsliteratur.